50

cosas
que debes
saber sobre
un recién nacido

Dr. Manuel Silveira Pedriatra

50

cosas que debes saber sobre un recién nacido

LIBROS CÚPULA

El autor quiere agradecer especialmente su colaboración a las familias que le facilitaron fotografías para la realización de este manual.

© del texto: Manuel Silveira Cancela, 2011

© Scyla Editores, S. A., 2011
Av. Diagonal, 662-664, 08034 Barcelona (España)
Editado por Timun Mas
Libros Cúpula es marca registrada por Scyla Editores, S. A.
Este libro se comercializa bajo el sello Libros Cúpula

Primera edición: enero de 2011
Segunda impresión: abril de 2011

ISBN: 978-84-480-6860-8

Fotocomposición: Tiffitext, S.L.
Depósito legal: B. 14.429-2011
Impresión: Egedsa

Impreso en España – Printed in Spain

El papel utilizado para la impresión de este libro es cien por cien libre de cloro y está calificado como papel ecológico.

ADVERTENCIA: Los contenidos de este manual son para tu información y no sustituyen en ningún momento la tarea personalizada que tu pediatra desarrolla en la atención de tu hijo. Para cualquier tema relacionado con la salud de los niños, debes seguir las orientaciones y recomendaciones de tu pediatra.
Si no eres médico, no debes tomar decisiones sobre la salud de tu hijo basándote en manuales o informaciones obtenidas en internet o en cualquier otro medio. Consulta con el médico.
La editorial no se hace responsable de problemas derivados de las interpretaciones del contenido de este manual.

Contenidos

PRÓLOGO 9

INTRODUCCIÓN 11

PARTE 1

Lo que es normal 17

01 Control del embarazo ... 19

02 El parto y la estancia
en el hospital 23

03 La cesárea: otra forma
de nacer 30

04 La casa. Los hermanos.
Las mascotas 33

05 Pertenencias 36

06 El cuarto del niño 38

07 La alimentación del bebé:
¿pecho o biberón? 42

08 Lactancia materna 45

09 Alimentación con leche
adaptada (biberón) 60

10 La higiene del bebé 67

11 Los cuidados del
ombligo 72

12 Pruebas metabólicas 77

13 Pruebas de audición 81

14 Postura para dormir 83

15 El paseo 87

16 Las micciones 88

17 Las deposiciones 90

18 Las nuevas vacunas 92

19 Estimulación del
desarrollo psicomotor ... 96

20 El llanto 98

21 El hipo y
    el estornudo 101

22 El chupete 102

23 Primera revisión en el
    centro de salud 104

PARTE 2

Problemas al nacer 107

24 Bebés prematuros 109

25 Problemas de peso al
    nacer (bajo peso y
    macrosómicos) 112

26 Riesgo infeccioso
    del recién nacido 114

27 La ictericia 117

28 Angiomas y manchas
    en la piel 120

29 Cefalohematoma
    o hematoma
    de la cabeza 125

30 Manchas rojas en los
    ojos. Frenillo de la
    lengua y de los labios .. 126

31 Fractura de la
    clavícula 128

32 Hipertrofia mamaria,
    mamas hinchadas
    y mastitis 129

33 Soplos 131

34 Dilatación de los
    riñones 133

35 Caderas 135

36 Genitales del recién
    nacido 138

PARTE 3

Otros problemas en casa 141

37 Cólico del lactante 143

38 Reflujo gastroesofágico 149

39 Los vómitos 153

40 Hongos en la boca
   (muguet) 157

41 Eritema del pañal 159

42 Diarrea, gastroenteritis e
   intolerancia a la leche 160

43 Estreñimiento 166

44 Conjuntivitis y otitis 168

45 Catarro nasal y de
   vías altas 171

46 Bronquiolitis 174

47 Tortícolis congénita 177

48 Plagiocefalia y otras
   deformidades de la
   cabeza 180

49 Fiebre 186

50 Las pruebas
   de paternidad 190

ANEXOS

1 Prevención de
  riesgos laborales 195

2 Los derechos
  del niño 201

FUENTES 205

CONTACTOS DE
INTERÉS 207

7

Prólogo

La Real Academia de la Lengua define la puericultura como el «conjunto de reglas y cuidados para el mejor desarrollo físico y moral de los niños». La aplicación de estos cuidados ha ocupado desde siempre una parte importante del quehacer diario del pediatra, intentando de esta forma contribuir a la educación sanitaria de la población. Pero esta encomiable labor sólo consigue sus frutos cuando entra a formar parte de la sistemática de trabajo del médico. Al revisar *50 cosas que debes saber sobre un recién nacido* salta a la vista que su autor, el pediatra Manuel Silveira, ha conseguido plasmar de forma sencilla lo que cada día transmite a los padres de los neonatos que atiende en el Hospital Da Costa de Burela, en la bella costa lucense.

El libro, diseñado como manual de consulta para el cuidado de los niños desde la etapa de recién nacido hasta los tres meses de vida, ha sido elaborado de acuerdo a los conocimientos actualmente vigentes sobre puericultura. Para ello, el autor se ha documentado con las publicaciones científicas más relevantes sobre el tema, pero dejando claro que la última palabra en cualquier situación la tiene siempre el pediatra encargado de la atención del niño. El libro está distribuido en tres secciones, que abordan respectivamente cómo es un recién nacido normal, los problemas que pueden aparecer al nacimiento y los que pueden surgir tras la vuelta a casa. Especial mención merece su decidida apuesta por la promoción de la lactancia materna, orientando a las madres que libremente elijan esa opción, a ampliar sus conocimientos en la página web del Comité de Lactancia Materna de la AEP. Me parece un acierto tratar de divulgar documentación desafortunadamente poco conocida, al decidir incluir entre los Anexos la legislación concerniente a la promoción de la seguridad y la salud en el trabajo de las mujeres embarazadas y en período de lactancia, así como los derechos del niño. La conjunción de estos hechos ha permitido editar un libro que, por su claridad expositiva, es fácilmente asequible y consecuentemente muy atractivo.

La facilidad del doctor Silveira para transmitir conocimientos, su cercanía para con los padres huyendo voluntariamente de cualquier tipo de formalismo, el empleo preciso de palabras técnicas y la incorporación de frecuentes ráfagas de humor, han conseguido un producto de fácil lectura al alcance de todo tipo de público.

Deseo que este libro tenga todo el éxito que se merece. Como presidente de la AEP, quiero agradecer el honor de haberme brindado la oportunidad de prologar este libro, lo que me permite, en nombre de los pediatras españoles, transmitir mi gratitud a su autor por su firme voluntad de contribuir a la educación sanitaria de la población.

Serafín Málaga Guerrero
Presidente de la Asociación Española de Pediatría

Introducción

Lee detenidamente las instrucciones de uso

El nacimiento de un bebé es uno de los acontecimientos más importantes para la familia y, desde luego, un factor que va a condicionar de forma radical la vida cotidiana.

Es curioso lo que ocurre con los hijos: acabas de conocerlo, pero ya no lo cambiarías ni por nada ni por nadie, porque forma parte de ti. Desde ahora vas a ver la vida desde la otra orilla y vas a comprender mejor a tus padres.

Dicen que los niños no traen un «manual de instrucciones». Y es verdad, pero hay algo peor: no tienen garantía.

Por eso hemos confeccionado este pequeño manual del usuario. Y también por eso es tan importante el «uso correcto de este bebé», porque no tiene garantía, ni recambios, ni posible sustitución. Tu bebé es único e irrepetible. ¡Cuídalo mucho!

Este manual se basa en los conocimientos médicos actuales, y las referencias bibliográficas son recientes. Sin embargo, como la investigación y la práctica clínica médica están en continuo avance, recomendamos consultar cualquier duda con el pediatra.

Dado el enfoque eminentemente práctico de esta guía, se mencionan los nombres comerciales de algunos productos usados habitualmente por el autor.

Finalmente, el lector sabrá disculpar alguna ráfaga humorística, que se ha intercalado con el único fin de hacer la lectura más amena.

Los consejos del pediatra

Dado que estas páginas van dirigidas a personas sin especiales conocimientos de medicina, evitaremos los términos técnicos y los formalismos en el lenguaje.

Antes de que nazca el niño, tendrás que ir meditando ya el nombre que le vas a poner.

Para los indecisos, en internet existen largas listas de nombres castellanos y de otras nacionalidades. Incluso hay libros icon 5.000 nombres de bebés y su significado!

Por si te sirve de algo, aquí están los nombres más frecuentes dados a recién nacidos en España en los últimos años:

Niños: Alejandro, Daniel, Pablo, David, Adrián, Javier, Álvaro, Sergio, Carlos y Marcos.

Niñas: Lucía, María, Paula, Laura, Marta, Alba, Claudia, Carla, Andrea y Sara.

Sin embargo, en el último año ha habido un cambio hacia los nombres clásicos propios de los años cuarenta. Entre los de

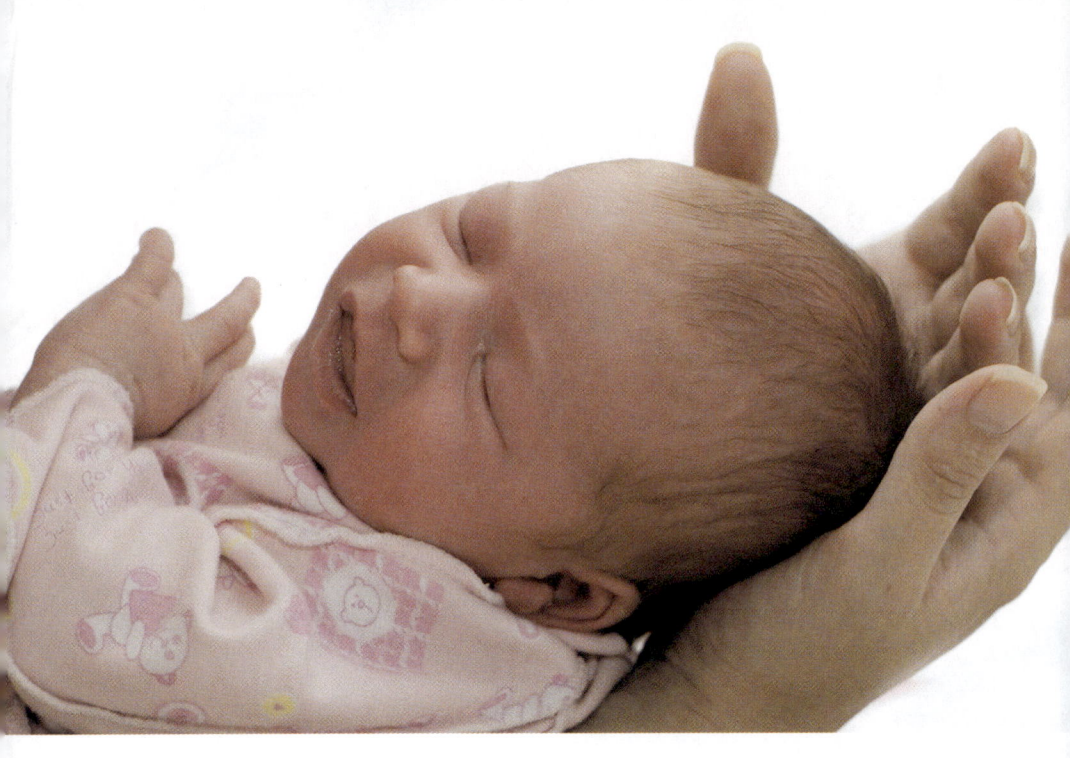

niño, los predilectos han sido: Antonio, José, Manuel, Francisco y Juan. Y entre los de niñas: María del Carmen, María, Carmen, Josefa e Isabel.

Este manual trata de informar sobre algunas cuestiones muy básicas acerca de los niños recién nacidos. Y lo ideal es que los padres lo lean (al menos la primera parte) durante el embarazo.

Y recuerda: aprovecha los días que vas a estar en el hospital para consultar cualquier duda con el personal sanitario. Porque cuando lleguéis con el recién nacido a casa, se-

RECUERDA
Aprovecha los días que vas a estar en el hospital para consultar cualquier duda con el personal sanitario.

réis los encargados de satisfacer las necesidades de una cosita menudita que llora mucho, y esto produce cierta ansiedad y nerviosismo. Además, las abuelas y la familia suelen meter baza y abrumar con consejos, siempre bien intencionados, pero a veces contradictorios... y ¡al final ya no se sabe qué hacer! Nada tranquiliza más que una visita al pediatra.

Como en otras facetas de la vida, ante cualquier contratiempo, lo más importante es no perder los nervios y mantener la calma. Y recuerda que «los niños se crían solos». Sólo necesitan una pequeña ayudita por vuestra parte.

Los recién nacidos ya captan, por el tono de voz y por los movimientos bruscos, el nerviosismo y la ansiedad de sus cuidadores. Así que es fundamental emplear un tono tranquilo y unos movimientos suaves cuando tengas al niño en brazos. No hay que gritar ni hacer fuertes ruidos. Mucha calma.

A los adultos también nos gustan el tono suave y el rostro sereno. ¿Te imaginas en un vuelo con turbulencias ver rostros de ansiedad o preocupación entre la tripulación, o que se hablaran a gritos?

Siempre hay que dar la sensación de tener la situación bajo control. Es increíble, pero el bebé lo nota.

Finalmente, una recomendación: nunca tomes decisiones de tipo médico sólo por algo que hayas leído en este manual, en cualquier otro o en internet. Tú no eres médico, y sólo el pediatra está capacitado para tomar decisiones sobre la salud de los niños.

RECUERDA

Si tu hijo tiene un problema de salud, debes acudir al médico o al pediatra. Estamos para ayudarte.

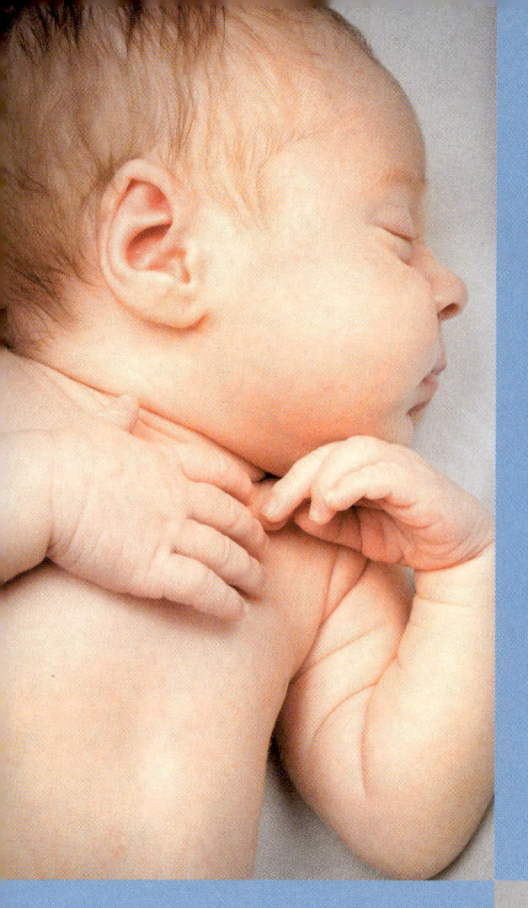

Parte 1

Lo que es normal

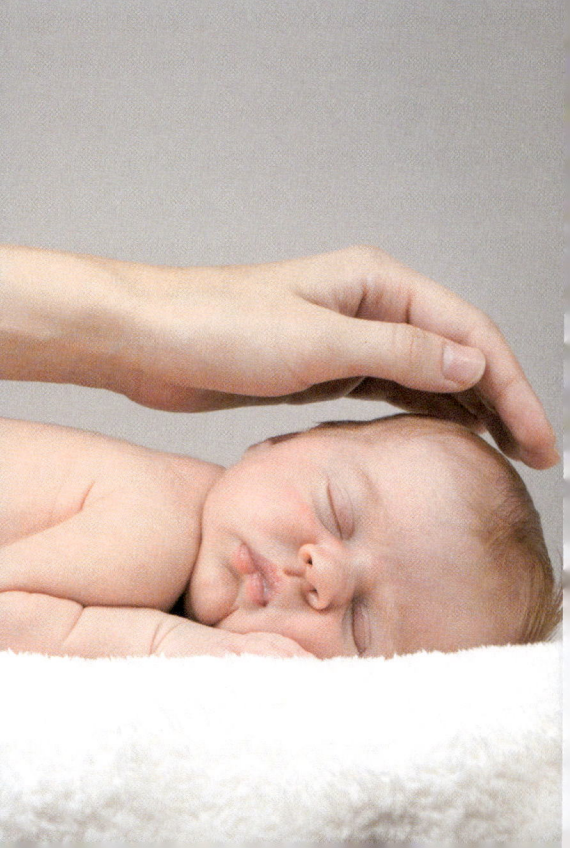

01

Control del embarazo

Aunque este manual trata de los cuidados del recién nacido, hay que comenzar por el principio, por lo que daremos unas breves pinceladas sobre los controles y los cuidados durante el embarazo. (Si tu hijo ya ha nacido, puedes saltarte este capítulo.)

En cuanto sepas o sospeches que estás embarazada debes visitar al ginecólogo (aunque lo ideal sería hacerlo antes: consulta preconcepcional). En esta primera visita, el médico hará una valoración general de tu estado de salud, te solicitará una analítica y saldrás de la consulta con las recetas para comprar ácido fólico y yodo. El riesgo de malformaciones en el feto (en el cerebro, en la médula...) disminuye considerablemente si tomas ácido fólico. ¡Pero debes empezar a hacerlo cuanto antes! Lo ideal sería incluso antes del embarazo.

Periódicamente debes someterte a controles clínicos (peso, tensión arterial, etcétera) y analíticos (sangre y orina). Los análisis, entre otras cosas, informan del estado de tus defensas contra algunas infecciones que pueden causar problemas al bebé. Así, la toxoplamosis o la rubéola pueden pasar desapercibidas en la madre, pero causar importantes daños en un feto en desarrollo. Si no tienes anticuerpos (defensas) contra la toxoplasmosis, durante el embarazo debes evitar el consumo de alimentos crudos o poco cocinados (carnes, verduras, etcétera), y el contacto con gatos.

A todas las embarazadas se les hace la prueba del sida y de la hepatitis. Estas infecciones pueden transmitirse de la madre al hijo (generalmente en el momento del parto), pero si se sabe con antelación que una madre está infectada por alguno de estos virus, con los protocolos actuales se reduce espectacularmente el riesgo de contagio. Lo mismo ocurre con la sífilis o lúes. Ésta es una infección poco frecuente, pero su incidencia está aumentando. Con un sencillo tratamiento antibiótico durante el embarazo se puede curar a la madre y al bebé, evitando la sífilis congénita.

Hacia el final del embarazo te realizarán un cultivo del exudado vaginal, que informará de la presencia (o ausencia) de estreptococo B, un germen que puede infectar al bebé en el momento del nacimiento (véase el capítulo 26). En algún caso concreto pueden estar indicadas otras pruebas, por ejemplo, una amniocentesis para el análisis del líquido amniótico.

¿Y las ecografías? Son fundamentales porque suministran mucha información, sobre el bebé, el líquido amniótico, la placenta, etcétera.

Finalmente te recuerdo que es importante que procures tener una alimentación variada y equilibrada, y seguir hábitos de vida saludables. Entre otras cosas, debes evitar lo siguiente:

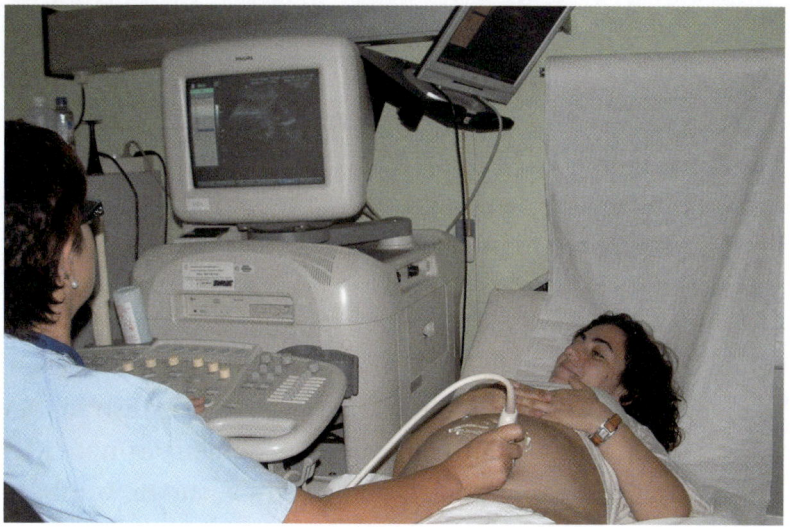

- Alcohol: si estás embarazada no debes beber nada de alcohol, porque la ingesta de alcohol durante el embarazo puede provocar graves trastornos en el bebé (entre ellos, el síndrome de alcohol fetal). Y no hagas caso a quien te diga que «por una cañita no va a pasar nada». La doctora M.ª Luisa Martínez-Frías, de la Universidad Complutense de Madrid, lleva muchos años estudiando las causas de las malformaciones en los bebés. Y es tajante respeto a la ingesta de alcohol durante el embarazo: nada de alcohol. Sobre todo porque se desconoce la cantidad de alcohol que una embarazada puede ingerir sin riesgo para el feto.
- Tabaco: los hijos de fumadoras son más pequeños al nacer. Además, los niños que viven en hogares donde se fuma, presentan muchos más problemas de salud: otitis, bronquitis, asma e incluso muerte súbita. ¡Aprovecha el embarazo para dejar de fumar! Es el momento ideal, porque tienes podero-

sas razones para cuidarte más. Muchas mujeres lo han conseguido. ¡Ánimo!

- Café: tampoco debes abusar del café o las bebidas de cola con cafeína, sobre todo durante el primer trimestre del embarazo, ya que se ha demostrado un aumento de abortos y de otros problemas. Es mejor que tomes descafeinado.
- Otras drogas: las drogas atraviesan la placenta y pasan al feto, por lo que pueden producirle malformaciones. Además, los hijos de madres que toman drogas (cocaína, heroína...) suelen presentar, al poco tiempo de nacer, a veces incluso en sólo unas horas, un verdadero síndrome de abstinencia (mono): están temblorosos e irritables, no descansan, sudan, vomitan, etcétera.
- Medicamentos: como ya sabes, no debes tomar ningún fármaco sin consultar con el médico.

¿Y los tóxicos ambientales en el lugar de trabajo? La legislación española protege a la embarazada y a la madre que da el pecho, para evitar que en su trabajo se exponga a sustancias potencialmente peligrosas para el bebé (véase el Anexo 1).

RECUERDA
El embarazo debe ser un tiempo de alegría e ilusión, pero también es el momento de cuidarse bien. Por dos razones fundamentales: tu bebé y tú.

02

El parto y la estancia en el hospital

Hoy en día, las embarazadas acuden bastante tranquilas al hospital para dar a luz, porque saben que van a recibir una buena atención, tanto profesional como humana. Al igual que en otros procedimientos médicos, se ha avanzado mucho y se cuenta con los medios para que, en la inmensa mayoría de los casos, el parto sea un proceso seguro y sin problemas. Además, gracias al gran desarrollo de las técnicas anestésicas, también se ha mitigado el dolor y las molestias, y como consecuencia, el miedo a parir; la célebre maldición bíblica de «parirás con dolor» ha pasado a ser: «parirás con molestias».

En la mayoría de los hospitales, el padre está presente en el parto, y no sólo durante la fase de dilatación, sino también durante el nacimiento (excepto si surge alguna complicación). Este apoyo es muy importante para la madre y para el buen transcurso de los acontecimientos. Por otra parte, los hospitales se están dotando poco a poco de medios para potenciar un parto menos medicalizado y más humanizado, en el que la propia parturienta tenga un mayor protagonismo en la toma de decisiones, (aunque, por supuesto, prevalezca siempre la seguridad de la madre y el bebé).

Otro tema de actualidad es el parto domiciliario, tan de moda en Holanda. Pero no vamos a entrar en ello, porque incluso en Holanda se está cuestionando debido al aumento de la mortalidad perinatal.

Rutina del paritorio

En cuanto nace el niño, se le limpian suavemente las secreciones de la boca y la nariz, y se le coloca sobre el vientre de su madre, piel con piel. Posteriormente se corta el cordón umbilical.

Al minuto de vida y de nuevo a los cinco minutos, se le dan ya las primeras puntuaciones: **el test de Apgar**. Éste valora la vitalidad y el estado del niño: los latidos del corazón, la respiración, el color, los reflejos y el tono muscular. La máxima puntuación es un diez. Una puntuación alta (superior a 7) nos indica que el niño ha nacido en perfecto estado de salud. Este test fue ideado por la doctora Virginia Apgar, anestesista norteamericana, hace ya más de medio siglo y todavía sigue vigente. Al parecer, la doctora Apgar ideó el famoso test en la cafetería del hospital donde trabajaba, después de que un estudiante de medicina le recriminara los métodos que empleaban para la valoración de los recién nacidos. Allí mismo, en el reverso del ticket de la cafetería, la doctora Apgar lo esbozó.

A continuación se pesa al bebé, se le talla y se le mide el perímetro de cráneo. El peso de un bebé que ha nacido a término (entre las 37 y las 42 semanas) suele ser alrededor de 3.400 g, pero se da una gran variabilidad (de 2.500 a 4.000 g). La talla o longitud media es de aproximadamente medio metro (50 cm).

El peso al nacer es un dato objetivo y fiable, pero la talla no lo es tanto, porque resulta difícil medir a un recién nacido y el resultado suele variar ligeramente dependiendo de la habilidad y el rigor del personal. Por eso no es raro que niños de varios días den una talla inferior de la que supuestamente tenían al nacer. No es que hayan encogido, simplemente, no se los midió bien.

Identificación del bebé

A continuación, y siempre delante de la madre o de testigos, se identifica al bebé con una pulsera u otro método que use ese hospital en concreto.

Las pulseras de identificación más usadas se presentan en pares: una pulsera pequeña pegada a otra grande, ambas con el mismo código numérico. Las pulseras se separan, y la pequeña se le coloca al bebé en el tobillo, y la grande, a la madre en la muñeca. Además del código numérico, se suele escribir el nombre y apellidos de la madre en ambas pulseras. Mientras permanezcan en el hospital, los bebés deben estar en todo momento identificados con su pulsera.

Existen otros métodos de identificación, como las etiquetas para la pinza umbilical, las muestras de sangre para ADN, etcétera.

El doctor A. Garrido-Lestache, pediatra y seguramente la persona que más ha luchado en nuestro país por conseguir la identidad jurídica del neonato, propone un «documento de identidad para el recién nacido» usando la dactiloscopia (huellas dactilares).

Sin embargo, la impresión con tinta de la huella plantar (planta del pie) nunca debe usarse como único método de identificación de un recién nacido, porque es muy poco fiable. En algunos hospitales se usa como método auxiliar (además de la pulsera), pero dada su poca fiabilidad (sólo sería útil en un 30 % de los casos) debería abandonarse.

Profilaxis

Posteriormente se hace prevención de dos enfermedades: de la conjuntivitis neonatal, con una pomada ocular, y de posibles hemorragias, con una inyección de vitamina K.

Y con esto, tú y tu hijo ya podéis volver a la habitación.

Exploración del recién nacido

Pasadas las primeras horas de vida del bebé y si antes no ha habido ningún problema, aparecerán por la habitación unos personajes que pronto te resultarán familiares: los pediatras.

El pediatra explorará de forma minuciosa y sistemática al recién nacido: desde la cabeza a los pies. Posteriormente tendrá una breve charla contigo y te explicará cómo se encuentra el bebé, y todo lo que estamos contando en este manual.

Ahora sólo queda esperar el alta. Y justo después, tu bebé hará su primer viaje en coche, camino de casa. Así que es conveniente que sepas cómo se debe viajar con el bebé en el coche.

- En el coche nunca debes llevar a un bebé en brazos. Aunque creas que el niño está seguro, los estudios indican que no podrás evitar que se te escape de las manos si sufrís un accidente, aunque sea a tan sólo 10 km/hora.

- Utiliza siempre sistemas de seguridad homologados, y asegúrate de colocarlos de manera correcta. Los niños nunca deben viajar en el coche sin sujeción.
- Sillas de seguridad infantiles. Lógicamente el capazo o el portabebés homologados lo habrás comprado con anterioridad, para poder llevar al bebé a casa desde el hospital. Actualmente pueden encontrarse en el mercado cinco tipos diferentes de sillas que se clasifican en función del peso y la talla del niño: asientos del Grupo 0, del Grupo 0+, Grupo I, Grupo II y Grupo III. Lógicamente, para un bebé nos interesan las del grupo 0.

Éstas son algunas recomendaciones para viajar seguros:

- Capazo. Se coloca en los asientos traseros en posición transversal y debidamente sujeto.

- Silla portabebés grupo 0: 0-10 kg. Se recomienda usarla desde el nacimiento hasta los nueve meses de vida, aproximadamente. Se coloca en la zona central de los asientos traseros, en sentido contrario a la marcha (el bebé mira hacia atrás) y se sujeta firmemente al coche con los cinturones de seguridad. Deben llevar un arnés de seguridad para sujetar al bebé.
- También existen en el mercado sillas combinadas que se adaptan para poder usarlas a diferentes edades. En las tiendas especializadas te informarán de todos los detalles. Sigue siempre las instrucciones del fabricante y de la DGT.
- Los bebés nunca deben viajar en el asiento delantero (asiento del copiloto) si el coche dispone de airbag. En general, los niños no deben viajar en el asiento del copiloto.
- Utiliza siempre el cinturón de seguridad y conduce con mucha precaución. No olvides lo que dice la famosa pegatina: ¡Atención: bebé a bordo!

Viajar seguros

- Así que ya lo sabes: los padres sois los responsables de que el niño viaje siempre sujeto de una forma adecuada. Primero en su capazo, más tarde en una silla correctamente colocada, y cuando ya tenga la edad adecuada, con el cinturón de seguridad puesto. ¡No hay disculpa para no hacerlo!
- Ya tienes el coche preparado y te vas del hospital. Enhorabuena y buen viaje. Pero antes debemos recordarte cuándo debes visitar al pediatra del centro de salud (véase el capítulo 23).
- La Academia Americana de Pediatría recomienda hacer un control a los dos días del alta a todo niño que haya salido del hospital con menos de 72 horas de vida. Nos sumamos a esa reco-

mendación, sobre todo, en el caso de los bebés que toman el pecho ya que, durante los primeros días, tienden a perder algo más de peso que los que se alimentan con biberón, y precisan ser supervisados.

- También tendrás que recoger muestras de sangre (en algunas Comunidades Autónomas también se recoge orina) del bebé para las pruebas metabólicas (véase el capítulo 12).

RECUERDA
¡Usa mecanismos de sujeción homologados y conduce con precaución!

03

La cesárea: otra forma de nacer

Una recomendación: aunque tu parto sea por cesárea, te recomendamos que leas con atención el capítulo 2 de este manual, porque en él hablamos sobre la rutina al nacimiento, la profilaxis neonatal y la forma de viajar seguro.

Como es sabido, se denomina cesárea al nacimiento mediante una intervención quirúrgica con incisión en abdomen y útero. Actualmente es una forma muy frecuente de nacer. En Estados Unidos cerca de uno de cada tres niños nace de esta manera, lo que indica la gran cantidad de cesáreas que se realizan a diario.

Existe discusión sobre la etimología de la palabra cesárea. Algunos la atribuyen a que Julio César, al parecer, nació de esta forma. Otra hipótesis es que deba su nombre a la *lex caesarea*, una ley romana que obligaba a extraer el feto a las mujeres que morían en estado avanzado de gestación. Pero lo más probable es que el término cesárea provenga del verbo latino *caedere*, «cortar».

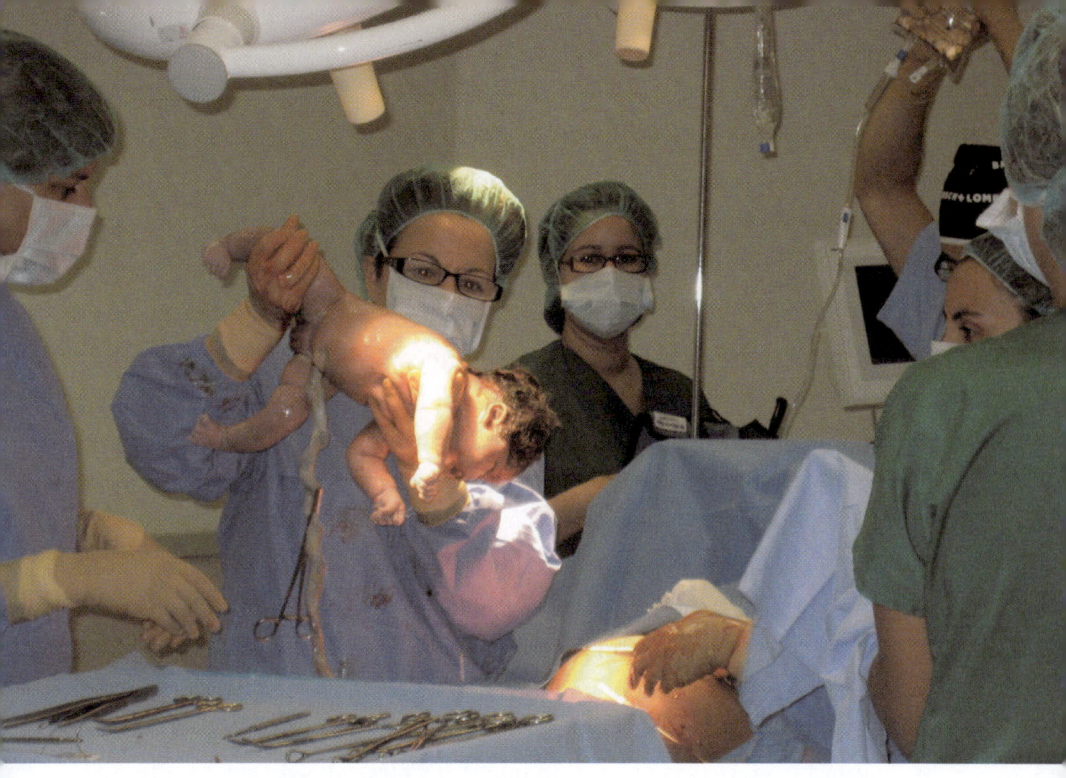

Si bien las cesáreas salvan vidas y evitan graves problemas a muchos bebés y a sus madres, también es cierto que algunos expertos sostienen que actualmente se practican con una frecuencia excesiva. Otro punto de controversia son las cesáreas realizadas por motivos no médicos, sino a solicitud de la propia madre. Este tipo de cesáreas está aumentando en algunos países y plantean un problema ético: realizar o no una cesárea que pide la madre, pero que no está indicada por razón médica. Sea como sea, una cosa está clara: las cesáreas por petición materna no deberían realizarse antes de las 38-39 semanas o sin comprobar la madurez pulmonar del feto, ya que podría existir el riesgo de que el bebé sufriera complicaciones respiratorias (véase el capítulo 24).

Sin entrar en esas controversias que competen al equipo de obstetricia, lo cierto es que para el recién nacido y para la madre, la cesárea es algo muy diferente de un parto natural.

Aunque la cesárea es una operación segura en la gran mayoría de los casos, no deja de ser una intervención quirúrgica y, como tal, tiene algunos riesgos: infección de la herida, convalecencia más larga, complicaciones anestésicas, etcétera. También puede conllevar algunas complicaciones relacionadas con el bebé: mayor frecuencia de problemas respiratorios, reanimación, etcétera.

Los pediatras, en casos de parto por cesárea, vigilarán que no existan problemas con la lactancia materna. Dado que la mayoría de estas intervenciones se hacen con anestesia epidural, lo que significa que la parturienta está consciente, no debería existir inconveniente para ponerle el niño al pecho en la primera hora de vida. Aunque necesites algo más de ayuda, que tu parto sea por cesárea no debería ser un inconveniente para que establezcas con éxito la lactancia.

04

La casa. Los hermanos. Las mascotas

Primero lo más importante: en la casa donde hay un bebé no se debe fumar, y está terminantemente prohibido hacerlo en su habitación.

Hermanos pequeños

Si hay en la casa otros niños pequeños debes tener cuidado, ya que en ocasiones, por celos o sin querer, pueden golpear al bebé o hacerle daño: apretarlo, morderlo, introducirle cosas por la boca, etcétera. ¡No hay que dejar a un recién nacido solo con otros niños pequeños!

Los celos

Si el bebé tiene algún hermano que todavía es pequeño, puede que te encuentres con un problema: los celos del niño destronado. Los hermanos que sienten celos, para reclamar la atención, vuelven a hacer cosas que ya no hacían: pedir el pecho, hacerse

pis encima, etcétera. O quizá muestren un cierto alejamiento de la madre y se hagan los duros.

Debes afrontar el problema con naturalidad, sin preocupación y restándole importancia. Esta fase suele durar poco, pero el niño necesita sentirse querido como antes de compartir la atención de sus padres.

A continuación, encontrarás algunos consejos para prevenir los celos:

- No le digas al niño que todo seguirá igual cuando nazca su hermanito (el niño no es tonto).
- Explícale y demuéstrale tu cariño incondicional.
- Involúcralo en los preparativos y déjale opinar sobre el nombre del bebé, los juguetes, etcétera.
- Conviene que la llegada del bebé no coincida con otros cambios en su vida, como dejar el chupete o el pañal.

- Pídele que, «como ya es mayor», te ayude a cuidar a su hermano pequeño.
- Cuando vea al bebé, procura que no se sienta desplazado o al margen de la conversación (todo el mundo suele hablar de la novedad: el recién nacido).
- Es deseable que las visitas le traigan también un pequeño obsequio y lo feliciten por haber tenido un hermanito.
- Si el problema persiste pasado un tiempo prudencial, consulta con el pediatra.

Mascotas

Es frecuente tener perros, gatos u otras mascotas en casa. Pero nunca permitas que un perro u otra mascota se acerque mucho al recién nacido. En la habitación del recién nacido no debe haber ninguna. ¿Y un periquito? Tampoco. Ninguna mascota. Los pájaros pueden causar al bebé sensibilizaciones, alergias, enfermedades infecciosas y otras dolencias.

05
Pertenencias

No es necesario que compres la típica canastilla llena de productos, muchos de los cuales no vas a usar nunca. Sin embargo, además de la cuna (moisés) con su ropa, la ropita del bebé y el cochecito, entre otras cosas imprescindibles, hay una serie de material muy útil que puedes tener ya comprado antes de llevar al bebé a casa:

- Alcohol de 70° y gasas estériles para las curas del ombligo
- Un termómetro
- Biberones y tetinas
- Chupete
- Bañerita de bebé, jabón de ph neutro y una esponja suave
- Cepillo o peine suave para bebés
- Crema o aceite hidratante
- Pañales de recién nacido, toallitas desechables y una crema para el cambio de pañal

La ropita del bebé

Debe ser cómoda y cálida. Es preferible que la ropa interior sea de algodón y sin tintes. Lávala siempre con jabones neutros.

No tiene que ser muy ajustada, para que el bebé pueda moverse con libertad. Las prendas se abrochan por la espalda, preferiblemente con algún sistema adhesivo como el velcro. Si alguna prenda lleva botones, comprueba que estén bien cosidos. No debes ponerle imperdibles, lazos o cadenas que puedan enredársele en el cuello.

Un error frecuente es abrigar al bebé en exceso. Debes abrigarlo lo justo para evitar que pase frío, pero sin que tenga calor.

06

El cuarto del niño

Los primeros meses de vida, el niño suele dormir en la habitación de los padres. Las primeras semanas puede dormir en el capazo (moisés).

Colecho

El colecho se refiere a la práctica de dormir con los hijos, en la misma cama. Actualmente es un tema que genera opiniones encontradas entre defensores y detractores.

Los defensores de esta modalidad señalan que, si se cumplen una serie de condiciones (los progenitores no consumen alcohol, ni tabaco, ni otras drogas, ni fármacos que produzcan sueño, y no padecen obesidad ni enfermedades, etcétera), el colecho ayuda a establecer los vínculos y el apego, mejora el sueño y facilita la lactancia materna por la noche, entre otras ventajas. Sin embargo, se han dado casos de aplastamiento por parte de los padres.

Por ello, recomendamos que el bebé duerma en la habitación de los padres, pero en su cuna y no en la misma cama de los padres.

Primer traslado

A partir de los seis o siete meses, el bebé hará el primer traslado: a su propia habitación.

La cuna

Puede ser de madera o de metal. Los barrotes no deben estar muy separados entre sí (máximo 6 cm) para evitar que el bebé meta la cabeza entre ellos y pueda asfixiarse.

El colchón debe ser duro. Las sábanas deben estar tirantes, sin arrugas y bien ajustadas. No debe haber almohada ni juguetes blandos dentro de la cuna.

ATENCIÓN

Es recomendable acostar a los recién nacidos sanos boca arriba.

Desde que la Academia Americana de Pediatría en 1992 aconsejó acostar a los bebés boca arriba, han disminuido en un 50 % los casos de muerte súbita en la cuna. Los niños sanos deben dormir boca arriba. Si tu hijo padece alguna enfermedad (reflujo importante, malformaciones, etcétera), el pediatra te informará de cómo debes acostarle.

En cuanto a la decoración de la habitación, evita el exceso de muñecos de peluche, libros y todo aquello que acumule polvo y ácaros, sobre todo si hay antecedentes familiares de asma o rinitis alérgica.

Intercomunicadores

Son aparatos que permiten, desde otra zona de la casa, oír e incluso ver al bebé en su habitación. Los de última generación incorporan cámaras y monitores digitales con pantallas LCD, y avisan a los padres ante cualquier ruido. Los intercomunicadores son útiles si se emplean como una ayuda más, pero nunca debes usarlos como un sustituto de tu vigilancia responsable del bebé. El intercomunicador no es una niñera.

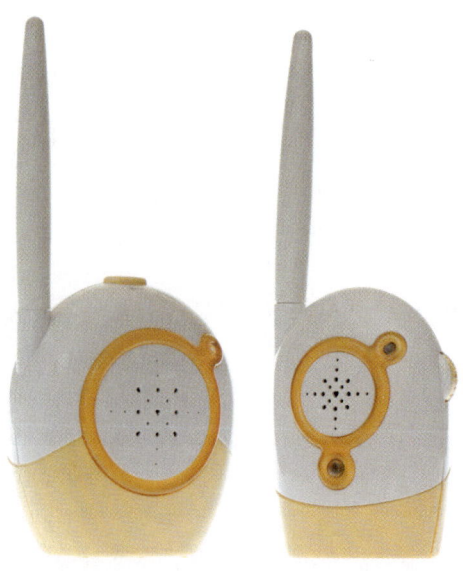

Temperatura de la habitación

La temperatura de la habitación del bebé debería estar en torno a los 20-21 °C, una temperatura agradable para los adultos, pero no muy alta. Las elevadas temperaturas en la habitación del bebé se han relacionado con casos de muerte súbita.

07

La alimentación del bebé: ¿pecho o biberón?

Existen dos maneras de alimentar a tu recién nacido: la lactancia materna y la lactancia artificial con leche adaptada.

Lo ideal es que durante el embarazo decidas el tipo de lactancia. Lo que decidan los padres será lo correcto y el médico respetará esa elección.

Si os habéis decantado por alimentar al bebé con leche artificial en biberón, debes saber que tu niño estará, desde el punto de vista nutritivo, bien alimentado. Es vuestra opción y no hay motivo para sentirse mal o tener sentimientos de culpa.

Tanto la leche adaptada como la materna sirven por igual para el perfecto desarrollo del niño. Pero recuerda que somos mamíferos, y la mejor forma de alimentar a un recién nacido humano es con la leche humana.

Independientemente de lo que hayas decidido, debes saber que si tu hijo es prematuro, le ayudarás muchísimo si optas por la lactancia materna.

A continuación, transcribo un artículo referente a la lactancia materna, publicado por el autor en el diario *La Voz de Galicia*:

Dar el pecho: cuando lo mejor es gratis

Somos mamíferos. Y sabemos que el mejor alimento para el recién nacido es la leche de su propia madre. Su composición es única, con inmunoglobulinas y células vivas; está siempre a punto, a temperatura adecuada y sus ventajas trascienden más allá de la propia infancia, ya que repercuten en la vida adulta. Es bueno para la madre y para el niño.

Lo decía recientemente el médico de niños, Vázquez de la Cruz: «Dejar de dar el pecho fue el mayor trastorno colectivo de comportamiento» (*La Voz de Galicia*, 24-08-07).

Somos mamíferos. Al nacer ya sabemos mamar, pero nos falta práctica. Y los primeros días de lactancia pueden ser difíciles y se necesita ayuda. Las abuelas ayudan mucho en todo. Pero muchas abuelas actuales no tienen experiencia en dar el pecho, porque criaron a sus hijos con biberón. Por eso son tan importantes las organizaciones de apoyo a la lactancia. Tal es el caso de la Sociedad Española de Pediatría, en cuya página web, un comité de expertos asesora sobre cualquier duda en relación con la lactancia materna. Y contestan sin demora: www.aeped.es.

Instituciones, profesionales sanitarios, pero sobre todo los múltiples colectivos amigos de la lactancia materna, están haciendo una labor extraordinaria para que los recién nacidos sean alimentados al pecho. Estamos en el cambio, aunque vamos lentos. Además, las madres trabajadoras precisan más apoyo social e institucional.

En Galicia, cada vez son más las madres que optan por dar el pecho. Volvemos sobre nuestros pasos… y nunca es tarde. El obje-

tivo sería alimentar a los bebés hasta los seis meses de edad exclusivamente con leche materna. Y en eso estamos. Porque ¿no es
mejor dar el original que una copia? Y ¿no es mejor chupar del pecho que de una tetina de silicona?

En fin, vamos mejorando lentamente. Pero el éxito está garanti-
zado, porque tenemos el mejor producto... ¡y gratis!

¿El mejor producto? ¿Gratis? ¡Sin duda! Y, si me lo permiten, el
mejor presentado.

El biberón también tiene algunas ventajas: puede dárselo el
padre y así se implica más en el cuidado del bebé; te permite
una mayor libertad, porque puedes delegar en la abuela o en
otra persona la responsabilidad de dárselo al bebé, sabes exactamente la cantidad de leche que toma, etcétera.

08

Lactancia materna

Si has elegido esta opción: ¡enhorabuena! La leche materna tiene claras ventajas en su composición sobre las leches de fórmula. Entre otras, que posee inmunoglobulinas y células vivas que ayudan a proteger al bebé de las infecciones y es específica de la especie humana. Además, el hecho de mamar favorece la creación de vínculos y el apego entre madre e hijo. Por otro lado, los beneficios de la lactancia materna van más allá de la infancia, y también es buena para la madre.

Existen algunas situaciones en las que la lactancia materna puede estar contraindicada, pero son casos excepcionales en los que o la madre padece una enfermedad grave, como el sida o la tuberculosis activa, o el recién nacido tiene algún problema, como galactosemia. Pero estas situaciones son poco frecuentes. Lo habitual es que las madres puedan dar el pecho a su hijo y que todas tengan leche en cantidad y calidad suficiente.

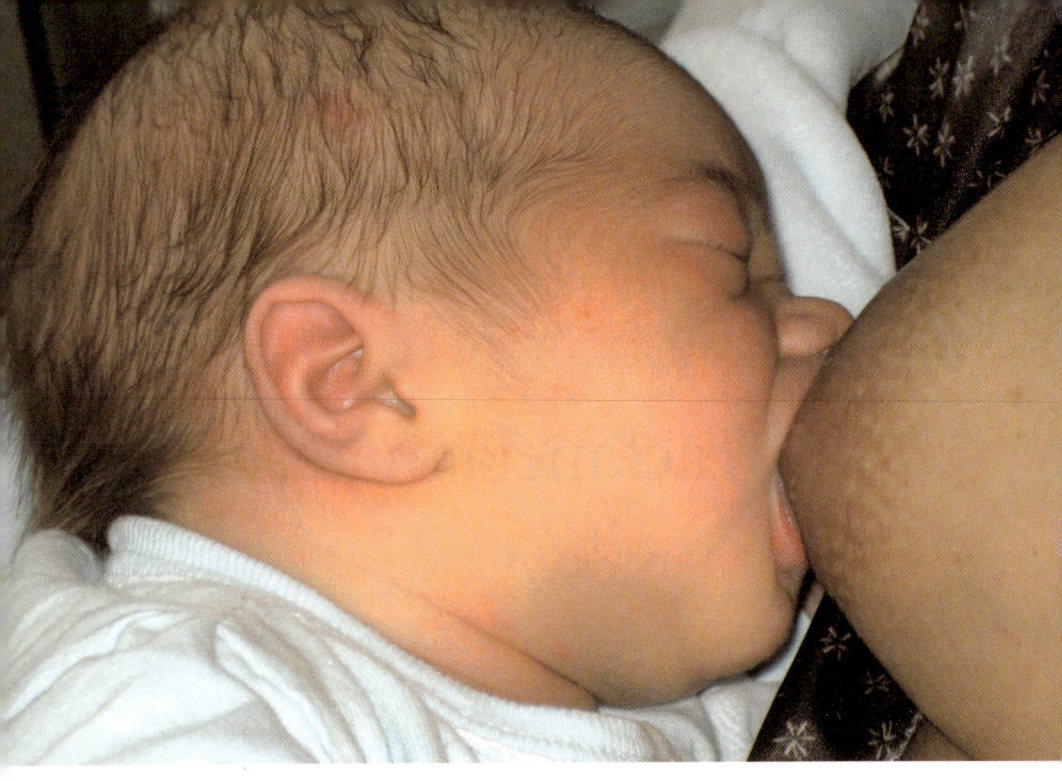

También debes saber que, al principio, tendrás una leche algo diferente (calostro) y poca cantidad, pero pronto pasarás a producir la leche de transición y luego, la definitiva. La leche materna va cambiando según las necesidades del bebé.

¿Cómo dar el pecho?

Dar el pecho no es difícil, pero conviene que conozcas algunas cuestiones básicas sobre esta práctica.

Lo fundamental es que la madre y el niño estéis cómodos y tranquilos. Los hospitales son sitios muy poco íntimos y poco silenciosos, con el personal entrando y saliendo en la habitación, la toma de constantes, las exploraciones médicas, etcétera. Y no es raro encontrar la habitación de la recién mamá llena de visitas: uno con la cámara, otro con el móvil que no para de sonar, y cosas por el estilo.

Este panorama no contribuye a crear el ambiente de tranquilidad y sosiego deseable para la madre y su hijo recién nacido. Más bien al contrario. A veces la madre se encuentra al borde de un ataque de nervios: acaba de parir, tiene un bebé llorando al que todavía no controla, duerme mal y, además, ha de sonreír a las visitas (bien intencionadas, sin duda, pero...). Y si la madre no está tranquila, el bebé se pone nervioso. Porque la ansiedad es muy contagiosa.

Cuando todo esto coincide con la hora de la toma, es fácil adivinar el resultado: no hay tranquilidad, no hará bien la toma. Cosa que las visitas aprovechan para no escatimar consejos y opiniones:

—Déjalo, ya comerá más tarde. Pobrecito, estará cansado.

—No puede estar cansado. Tendrá gases. A ver si eructa y luego vuelves a intentarlo.

—Mejor prueba con una pezonera. A tu tía Rosalía le fue muy bien...

—Lo que tú quieras, pero yo creo que es mejor darle un biberón.

—Mira, mira como chupa la mano. Seguro que tiene hambre.

Todo esto acabará por arruinar definitivamente la toma. Lo que necesitas para que todo sea más fácil es crear un ambiente relajado y tranquilo. Como se ha comentado antes, los bebés notan, por el tono de voz y por los movimientos, el nerviosismo y la excitación en el ambiente. Por eso, sería deseable cambiar la extendida costumbre de visitar muy pronto a la madre y al recién nacido, y dejarlo para unas semanas más tarde, cuando tanto el uno como la otra estén más asentados y se hayan establecido ciertas rutinas.

Dicho esto, centrémonos en el tema de este apartado: cómo dar el pecho. Los pediatras o el personal sanitario, al observar cómo mama el niño, se fijarán en la colocación y en el agarre, y te indicarán las formas correctas. Si tú y el bebé estáis bien colocados y consigues que el bebé agarre correctamente el pecho, tendrás mucho ganado.

Colocación correcta:

- Ponte cómoda (hombros caídos), relajada y tranquila, y mira a tu bebé.

- Procura tener agua a mano. A muchas mujeres amamantar les da sed.

- Coloca tu ombligo frente al ombligo de tu bebé: «ombligo con ombligo».

- La cabeza del bebé debe estar bien alineada con su tronco; que el cuello no le quede flexionado ni girado.

- La boca del bebé debe estar a la altura de la mama.

- Apóyate la cabeza del niño en el centro del antebrazo (no en el codo).

- Acerca el bebé al pecho y no el pecho al bebé.

- No le metas el pecho en la boca como si fuese un biberón. El niño debe buscar: acércale la mejilla al pezón para que lo roce; los bebés suelen abrir la boca y empezar a buscar el pezón. Cuando busca y abre la boca es el momento de meterle el pecho.

- Es importante que pongas muy pronto el niño al pecho (durante la primera hora de vida).

Agarre correcto:

- El bebé se mete un «buen bocado de pecho» en la boca, de forma que en la parte inferior del pecho apenas se ve la areola.
- Mama con la boca bastante abierta y el labio inferior un poco doblado hacia fuera.
- El mentón y la nariz tocan el pecho de la madre.
- Da chupadas lentas y profundas.
- Mantiene los mofletes hinchados y no «chupados».

No te agarres el pecho haciendo la típica pinza con dos dedos alrededor del pezón (como quien coge un cigarrillo), porque estarás impidiendo que tu bebé se introduzca el pezón en el fondo de la boca. Si lo necesitas, sujétate el pecho por debajo con la mano en «C», de forma que el pecho quede entre el primer y el segundo dedo, ambos bien separados.

En alguna ocasión puede ocurrirte que tengas los pechos muy duros e hinchados, como un globo, y que el bebé no sea capaz de agarrarse bien. En este caso, debes vaciártelos un poco con un sacaleches. Así el pecho se pondrá más blando, y al bebé le resultará más fácil agarrarse.

Es fundamental que el bebé agarre bien. Si un niño sólo chupa del pezón, ocurren dos cosas, y ambas malas:

No sale leche. Mamar no es sólo chupar, sino hacer que salga la leche. Tu bebé lo consigue presionando con la lengua y el paladar, y para ello debe tener un «bocado» de pecho dentro de la boca.

Se forman grietas o fisuras en el pezón. Si el niño chupa sólo del pezón, pronto se te abrirán grietas en la mama, que

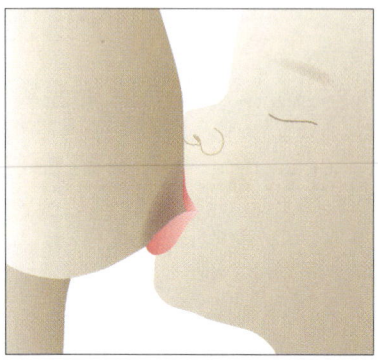

Agarre correcto.

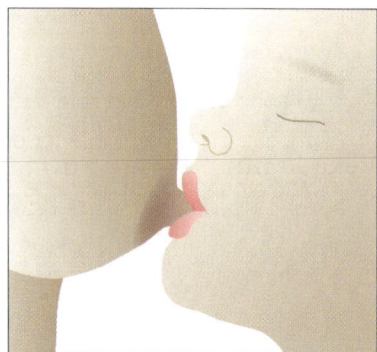

Agarre incorrecto.

son bastante dolorosas y pueden ser motivo de fracaso de lactancia materna.

¿Cada cuánto hay que darle de mamar?

Actualmente se recomienda la lactancia materna «a demanda». Es decir, cuando el niño quiera, como cualquier otro mamífero. ¡El pecho no tiene horario!

RECUERDA

Aunque la lactancia materna es la mejor forma de alimentación para el bebé, los primeros días son algo difíciles. Necesitarás ayuda y paciencia, pero finalmente todo irá bien y os habréis hecho un regalo para siempre.

Efectivamente, durante las primeras semanas de vida puede mamar con mucha frecuencia, incluso cada hora. Posteriormente, el propio bebé irá espaciando las tomas. Pero cada niño tiene su ritmo. Olvídate del reloj y dale el pecho cada vez que el bebé te lo pida. Recomendamos la lactancia a demanda, pero con una salvedad: si el recién nacido, pasadas unas tres horas o tres horas y media de la última toma, no te pide de mamar, debes estimularlo de alguna manera: cambiarle el pañal o cualquier cosa que lo espabile. Algunos bebés son perezosos y pueden quedarse somnolientos y amodorrados, pero conviene que no pasen más de tres o cuatro horas sin comer. Insistimos en que nos referimos a los primeros días de vida, porque a partir de las dos o tres semanas, si todo va bien, podrás dormir hasta seis horas seguidas por la noche.

¿Cuánto debe durar la toma?

Depende. La duración de las tomas es muy variable. Inicialmente, un bebé puede tardar entre quince y veinte minutos (o incluso más) en vaciar un pecho. Otros bebés tardan mucho menos, sobre todo, cuando son mayorcitos.

Dale el pecho hasta que el bebé no quiera más. Déjale mamar hasta que suelte el pecho. Luego ofrécele el otro, aunque no siempre lo quiera. Es importante no empezar siempre la toma por el mismo pecho.

¿Hay que darle los dos pechos en todas las tomas?

Habitualmente se le da un pecho, se le deja eructar (no siempre lo hace) y luego se le ofrece el otro. A veces lo toma, otras veces no. En todo caso, ve alternando el pecho que le ofreces primero en cada toma, porque el primero lo vaciará más y te conviene que no sea siempre el mismo.

En cuanto a la higiene: no es necesario que te laves el pecho después de cada toma. En principio es suficiente la ducha diaria.

¿Se le pueden ofrecer suplementos de biberón a un bebé que toma pecho?

Habitualmente no se le ofrece ni biberones, ni suero glucosado, ni infusiones, ni nada; sólo el pecho. En general, no se recomienda la administración de suplementos de biberón a los bebés que toman el pecho, ya que es posible que con ello se dificulte el establecimiento exitoso de la lactancia y se esté dando el primer paso hacia un empleo exclusivo del biberón:

1. La forma de mamar del biberón es diferente de la de mamar del pecho, y el bebé se confundiría. Con el biberón no tiene que «ordeñar». Este problema se puede obviar si le administras los suplementos con una jeringuilla (¡por supuesto, sin aguja!): con mucho cuidado y muy despacito para que el bebé no se atragante, le vas metiendo sorbitos de leche en la boca. Esto debe hacerlo el personal de enfermería hasta que tú aprendas, porque es fácil que el bebé se atragante.
2. El mejor estímulo para que produzcas leche es que mame mucho; si mama menos, tendrás menos leche.
3. La leche artificial puede causarle alergias u otros problemas.

De todas formas, en algunos casos sí que está indicado un suplemento de leche adaptada, por ejemplo, para niños con riesgo de hipoglucemia, o niños que han perdido mucho peso y podrían sufrir una deshidratación. En la práctica, los pediatras tampoco niegan un suplemento cuando los padres lo piden, pero antes valoran el caso y les informan de todo esto. Consideramos que, en ocasiones, una postura muy radical puede ser contraproducente y generar rechazo.

Posición para eructar

Al terminar de tomar del primer pecho se suele «descansar» un instante para que el niño eructe. Colócate al bebé sobre el hombro, en posición vertical y dale unos golpecitos muy suaves con los dedos en la espalda. No importa si no eructa, muchas veces no lo hacen. No debes obsesionarte con el eructo. A continuación, ofrécele el otro pecho.

Vigila que todo vaya bien

Una causa frecuente de preocupación en los padres es desconocer la cantidad exacta de leche que el bebé ha tomado. El pecho no es transparente y el estómago del niño tampoco. Entonces, ¿cómo sabrás que el bebé está mamando todo lo que necesita?

Al contrario de lo que ocurre cuando lo alimentas con biberón, no puedes ver la cantidad de leche que tu bebé toma, así que debes guiarte por otros datos:

- Fíjate en las mucosas de la boca: deben estar húmedas.
- Fíjate en las micciones: el niño que está bien hidratado hace varias micciones abundantes al día.
- Fíjate en la coloración del bebé: la ictericia se manifiesta por el color amarillento de la piel, y es bastante frecuente en los recién nacidos. Si tu bebé está muy amarillo, debes consultar-

lo con tu médico. Si toma el pecho, tendrá más tendencia a la ictericia (véase el capítulo 27).

- Fíjate en el aspecto del niño: ¿parece tranquilo y contento? ¿Está activo y con buen aspecto?
- Fíjate en su peso: es el mejor indicador del estado de hidratación de un bebé.

El peso

Prácticamente todos los bebés pierden peso los primeros días de vida y luego lo van recuperando. Más o menos hacia el décimo día de vida, la mayoría de los bebés ya han recuperado el peso que tenían al nacer.

Aunque todos pierden peso, existen unos límites que se consideran aceptables: en general, no debe perder más del 10 % de su peso de nacimiento. Así, si un bebé nació con 3.300 g, sería normal una pérdida de peso de hasta 330 g, si no pierde más del 5 % en un solo día. A partir de los diez o catorce días de vida, deben aumentar de peso al menos unos 20 g al día (habitualmente ganan 20-30 g/día).

De todas formas no debes caer en la tentación de pesarle con mucha frecuencia y obsesionarte con el peso, porque eso sólo conduce al nerviosismo y la ansiedad.

Higiene del pecho

Lo único que se recomienda actualmente para la higiene del pecho es la ducha diaria. No es recomendable lavarte los pechos con agua y jabón antes o después de cada toma. Basta con que te los seques, y para ello te pueden servir los discos absorbentes, que te cambiarás las veces que sea preciso. Utiliza sujetadores que no aprieten y cámbiatelos siempre que se mojen de leche.

Alimentación de la madre que da el pecho

La madre que da el pecho debe comer de una forma saludable. Se recomienda una dieta variada, equilibrada y rica en calcio (productos lácteos, fruta, pescado, vegetales).

Las necesidades de yodo aumentan durante el embarazo y la lactancia, por lo que, en general, se aconseja complementar la dieta con un comprimido diario de 200 microgramos de yoduro potásico (IK) durante todo el embarazo y los primeros seis o siete meses de lactancia. Existe un preparado que financia la Seguridad Social (YODUK Comp. 200 mg).

Muchas sustancias que ingieres pueden pasar a la leche y por esta vía al bebé: cafeína (café, refrescos de cola...), alcohol, nicotina, etcétera. Por eso insistimos en que las madres que dan el pecho no deben tomar alcohol. Es aceptable un consumo moderado de cafeína, aunque a veces puede ser la causa de irritabilidad en el bebé y favorecer los cólicos. En ese caso hay que tomar descafeinado.

Respecto al tabaco: como se ha dicho antes, en la casa donde hay un bebé no debe fumar nadie. El tabaco se ha relacionado con problemas respiratorios, otitis aguda, y lo que es más grave: aumenta el riesgo de muerte súbita. Pero aunque seas fumadora, puedes y debes dar el pecho a tu bebé. Limita al máximo el número de cigarrillos (de cinco a diez al día) y procura fumar después de darle las tomas y no antes. Y hazlo en la terraza o en el jardín. Evidentemente, cuando se da el pecho está prohibido consumir drogas.

En cuanto a los medicamentos que puedas precisar durante

la lactancia, aunque la mayoría pasan a la leche, no suelen producir problemas en el niño. Es muy raro que se deba suspender la lactancia porque la madre precise tomar medicación (antibióticos, etcétera). Pregunta a tu médico o consúltalo en la página web: www.e-lactancia.org. (Es una página excelente.)

Conservación de la leche materna congelada

Es posible que en un determinado momento te «sobre» leche. En tal caso es muy útil guardarla para otra ocasión. Si tienes que reincorporarte al trabajo, también puedes usar estos métodos de almacenamiento de leche materna, así tu bebé tendrá leche guardada cuando tú no estés.

A continuación, adjunto casi al pie de la letra (con permiso) información extraída de la página web del Comité de Lactancia Materna de la Asociación Española de Pediatría (AEP), sobre la conservación de leche materna (http://www.aeped.es/).

Tiempo de almacenamiento

La leche materna puede almacenarse por períodos prolongados de tiempo, en determinadas condiciones:

- CALOSTRO: a una temperatura ambiente de 27-32 °C: 12 horas.
- LECHE MADURA
  A temperatura ambiente de:
  - 15 °C durante 24 horas.
  - 19-22 °C durante 10 horas.
  - 25 °C de 4 a 6 horas.
  - 30 a 38 °C durante 4 horas.
  - Refrigerada (en nevera): entre 0 y 4 °C: 8 días.

- Congelada:
  - En un congelador dentro de la misma nevera: 2 semanas.
  - En un congelador que es parte de la nevera, pero con puertas separadas (tipo combi): 3-4 meses (porque la temperatura varía cuando la puerta se abre con cierta frecuencia).
  - En un congelador separado, tipo comercial, con temperatura constante de (−19 °C): 6 meses o más.

Tipos de recipiente

La leche materna extraída debe almacenarse siempre en envases destinados para uso alimentario. Los mejores envases para la congelación son los de cristal. La segunda opción serían los envases de plástico duro transparente (policarbonato) y en tercer lugar los de plástico duro traslúcido (polipropileno). Otra opción son las bolsas de plástico especialmente comercializadas para almacenar la leche materna. Es preferible no utilizar otro tipo de bolsas de plástico más finas, que pueden romperse o contaminarse con más facilidad. No hay evidencia clara sobre los beneficios de uno u otro tipo de envase para almacenar leche fresca, de modo que la madre puede utilizar el que le resulte más adecuado a sus necesidades.

Limpieza de los envases

Antes de usarlos, es conveniente limpiarlos con agua caliente y jabón, aclararlos bien y secarlos. Puede utilizarse el lavavajillas.

Cómo descongelar y calentar la leche extraída

La leche se puede descongelar bajo el chorro del grifo, primero con agua fría y aumentando gradualmente el calor del agua hasta que salga caliente. Hay que agitarla antes de probar la temperatura. También se puede calentar sumergiendo el recipiente en otro con agua caliente, pero no se debe calentar directamente o en un microondas. La leche descongelada se puede guardar 24 horas en la nevera, pero no volver a congelar.

Olor a rancio

Algunas madres notan que su leche tiene un olor a rancio al descongelarla. Esto se debe a la acción de la lipasa. Una vez que la leche tiene dicho olor no se puede hacer nada para eliminarlo. No hay evidencia de que esta leche sea perjudicial para el bebé, pero la mayoría la rechazan.

Asociaciones de amigos de la lactancia materna

Existen muchas asociaciones de amigos de la lactancia materna que ayudan y aconsejan en las dificultades que puedan surgir con la lactancia. Pueden solucionarte muchas dudas. Porque la experiencia demuestra que la mejor ayuda es hablar con otra madre que ha dado el pecho y que ha pasado por las dificultades que tú puedes estar pasando en este momento.

Pregunta en el hospital o al pediatra, para que te informen de las asociaciones amigas de la lactancia materna en tu ciudad.

Una de estas asociaciones, La Liga de la Leche (www.laligade laleche.es) tiene miembros en muchas ciudades y pueblos de España.

Internet y la lactancia materna

Existen muchísimas páginas sobre lactancia materna, con recomendaciones, foros, vídeos, etcétera. Pero, al igual que con otros contenidos de internet, también existe información no bien contrastada.

Aquí indico dos sitios de internet que son muy útiles, fiables y que los pediatras visitamos frecuentemente:

- Comité de Lactancia Materna de la Asociación Española de Pediatría: www.aeped. es. Informa sobre dudas con la lactancia. Además dispone de un extenso banco de preguntas ya contestadas y alguna de éstas puede coincidir con tu duda.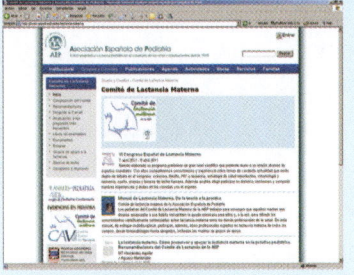

- Página sobre lactancia materna del Servicio de Pediatría del Hospital Marina Alta de Denia. Ideal para consultar si un medicamento, un tóxico ambiental, una enfermedad del niño o de la madre, contraindican seguir 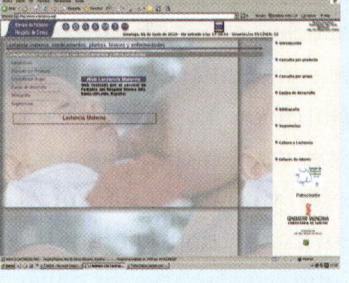 con la lactancia materna. Debes saber que muy pocos medicamentos o enfermedades contraindican la lactancia materna. Esta página es excelente: www.e-lactancia.org.

09

Alimentación con leche adaptada (biberón)

Las leches adaptadas para los recién nacidos se elaboran a partir de la leche de vaca, que se modifica para hacerla semejante a la humana. El resultado es una leche que se parece mucho a la humana y, desde el punto de vista nutricional, es adecuada para el crecimiento y desarrollo del bebé. En su composición, las leches adaptadas infantiles deben cumplir las normas de la Sociedad Pediátrica Europea de Gastroenterología, Hepatología y Nutrición (ESPEGHAN).

Se venden como leches adaptadas de inicio (hasta los cinco meses) y de continuación (a partir del quinto mes de vida). Tu pediatra te recomendará la que crea más indicada. Lo habitual es que se presenten en polvo para reconstruir con agua.

Preparación del biberón

Es muy sencillo, pero debes ser cuidadoso con la higiene y con la manipulación de la leche en polvo, que luego añadirás al agua, guardando siempre las proporciones correctas:

- Primero, lo de siempre: lávate bien las manos con agua y jabón.
- Lava y esteriliza los biberones y las tetinas.
- Para esterilizar los biberones y las tetinas, hiérvelos en agua unos diez o quince minutos o utiliza el método Milton (siguiendo las instrucciones del fabricante). Algunos expertos afirman que no es necesario hervir el biberón y que con un lavado correcto es suficiente. En nuestro caso, recomendamos que los esterilices durante los primeros cinco o seis meses del bebé.
- Si utilizas agua del grifo para el biberón, debes hervirla durante uno o dos minutos, si vives al nivel del mar, y un minuto adicional por cada mil metros de altitud. Durante mucho tiempo se aconsejó hervir el agua para el biberón durante diez minutos, pero un hervor tan largo aumenta la concentración de sodio y de nitratos.
- Si vas a utilizar agua embotellada, debes comprobar que sea «apta para biberones». Suelen especificarlo en la etiqueta. En este caso no precisa ser hervida.
- El agua debe estar tibia. Si está muy caliente, al añadirle la leche en polvo, se formarán grumos.
- Mantén siempre la proporción: a cada 30 mililitros de agua le corresponde una medida rasa de leche en polvo (el medidor viene dentro del bote). Insistimos en que las medidas deben ser rasas, para guardar la proporción correcta. No pongas nunca más leche en polvo de la indicada. Por tanto, siempre se preparan cantidades múltiplos de 30, o sea: 30 ml, 60 ml, 90 ml, 120 ml, etcétera.

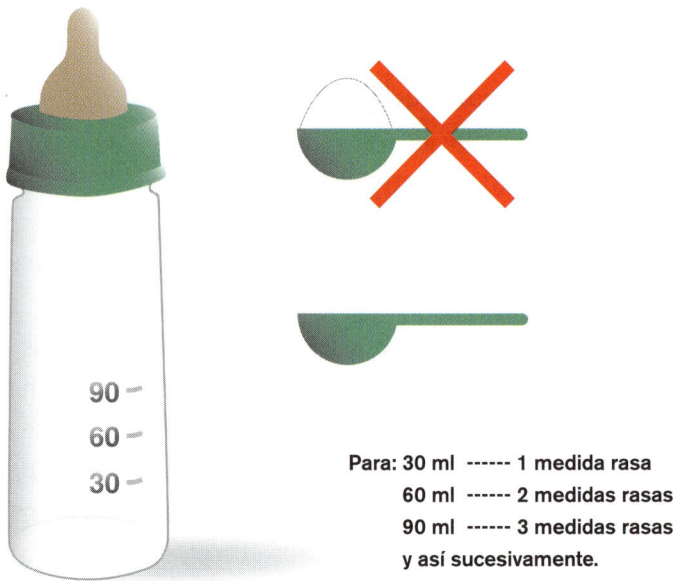

Para: 30 ml ------ 1 medida rasa
60 ml ------ 2 medidas rasas
90 ml ------ 3 medidas rasas
y así sucesivamente.

Nunca le ofrezcas un biberón al bebé sin comprobar previamente la temperatura; para ello, derrámate unas gotitas de leche en el dorso de la mano o en la cara interna de la muñeca. Debe estar templada, a una temperatura semejante a la de la leche materna. Si le ofreces un biberón muy caliente, tomará el primer trago y se quemará.

Uso del microondas

No recomendamos el uso del microondas para preparar el biberón o para calentarlo, porque:

- No calienta el líquido de forma uniforme. Las gotitas de leche que te derrames pueden estar bien de temperatura, pero otra parte del biberón puede estar más caliente.

- Calienta más el líquido que el recipiente. Así que cuidado, porque la botella puede estar tibia y la leche muy caliente.

Cómo dar el biberón

Una vez tengas el biberón preparado:

- Prueba la temperatura como hemos indicado antes.
- Comprueba el goteo: al invertir el biberón, la leche debe salir gota a gota, no a chorro.
- El bebé tiene que estar incorporado, en brazos, y no acostado.
- Durante la toma debes inclinar el biberón lo suficiente para que la tetina esté siempre llena de leche y sin aire. De lo contrario el bebé tragará más aire.
- La toma suele durar entre quince y veinte minutos (aunque es variable) y se suele hacer un descanso para dejarle eructar (no siempre lo hace).
- El bebé no siempre se acaba el biberón. Lo que sobra se desecha. No lo guardes nunca para la siguiente toma.
- Después de tomar el biberón, mantenlo en brazos hasta que eructe (aunque no siempre lo hace) y luego acuéstalo boca arriba.

¿Se pueden preparar varios biberones y dejarlos en la nevera?

Se puede, pero la mezcla ya preparada no debes conservarla más de 12 horas, aunque esté en la nevera. Pasado este tiempo debes desecharla.

¿Cuánto biberón debe tomar el bebé?

El niño tomará la cantidad de leche que quiera, sin forzarle. Durante las primeras semanas de vida, dale una toma cada tres horas, en total unas siete u ocho tomas al día.

- A modo de orientación:
  - Primer día de vida: una toma cada tres horas de 30 ml.
  - Segundo día de vida: una toma cada tres horas de 40 ml (prepara ya 60 ml).
  - Tercer día de vida: una toma cada tres horas de 50 ml.
  - Cuarto día de vida: una toma cada tres horas de 60 ml.

Cuando los 60 ml no sean suficientes y se quede con hambre, prepárale 90 ml con tres medidas rasas de leche en polvo, y que él mismo tome lo que quiera. Lo que sobre se desecha.

Posteriormente, la cantidad aumenta más lentamente. A partir de las dos o tres semanas de vida suelen hacer un descanso nocturno de cinco o seis horas (sin comer).

Esto es sólo orientativo y no debes tomarlo al pie de la letra, ya que existen grandes diferencias entre un niño y otro. Entre otros factores, está el peso del bebé. Así, un recién nacido medio pesa 3.400 g, pero se considera normal cualquier peso entre los 2.500 y los 4.000 g. Lógicamente no comen lo mismo un pequeñín de 2.500 g que un grandullón de 4.000 gramos.

Lo más importante es asegurarse de que el bebé quede saciado y bien, y de que mantiene un aumento de peso adecuado. Cualquier duda consúltala con el pediatra.

A partir de los diez o catorce días de vida debe aumentar de peso al menos 20 g diarios (generalmente aumentan entre 20 y 30).

El presente manual está orientado al cuidado y manejo del bebé hasta los tres meses de edad, por lo que no vamos a ocuparnos de la alimentación complementaria (papillas y primeros sólidos).

Observa que hasta el sexto mes de vida sólo toman leche materna y vitaminas (véase más adelante). Si se alimenta con biberón, al quinto mes se suelen iniciar los cereales sin gluten.

En resumen, hasta los cinco o seis meses: leche, vitaminas y vacunas. Y por supuesto mucho cariño. Por lo demás, se crían solos.

¿Y cuándo empiezas a ofrecerle agua y complementos?

Si el niño toma el pecho, la leche materna contiene todo lo que el bebé precisa hasta los seis meses (excepto, probablemente, la vitamina D). O sea que no necesita ni agua ni otras cosas. Si hace mucho calor y el bebé tiene sed, lógicamente, te pedirá más pecho.

Actualmente existe una controversia acerca de la necesidad de administrar un suplemento de vitamina D, de unas 400 U/día, a todos los bebés que toman pecho. La vitamina D se sintetiza en la piel, pero para ello se precisa luz solar. Por esto se piensa que los niños de raza negra, los que viven en zonas de pocas horas de sol o los que tiene poca exposición al sol por el motivo que sea, son candidatos a tomar gotas de vitamina D. Sin embargo, también se han detectado casos de raquitismo en zonas de sol, y por eso la Academia Americana de Pediatría recomienda la administración generalizada de vitamina D.

Algunos autores aconsejan administrar también suplementos de hierro (1 mg/kg/día) desde las seis semanas hasta los seis u ocho meses de vida, a los bebés alimentados con lactancia materna, pero no existe un amplio consenso en este punto.

En casos de lactancia artificial, es habitual empezar la alimentación complementaria (cereales sin gluten o fruta) y ofrecerle agua a los cinco meses de vida. Así pues, la alimentación complementaria se inicia a los seis meses de vida en niños que toman pecho, y algo antes en caso de que tomen biberón.

Existen muchas formas de ir introduciendo la alimentación complementaria, y el pediatra te irá aconsejando. Lo que sí está claro es que los nuevos alimentos se deben introducir muy poco a poco y de uno en uno, dejando varios días entre un alimento nuevo y otro.

10

La higiene del bebé

Antes de tocar al bebé siempre debes lavarte bien las manos con agua y jabón.

El baño

El momento del baño suele ser un momento feliz de la jornada, tanto para el bebé como para sus padres. Aunque los primeros días los bebés suelen llorar al meterlos en el agua, pronto disfrutarán mucho.

Éstos son los pasos que debes seguir en la preparación del baño:

- Prepara la bañerita con agua tibia.
- Antes de meter al bebé en la bañera, comprueba la temperatura del agua (será de unos 35-36 °C). Puedes comprobarla introduciendo el codo en el agua, aunque también se comercializan termómetros de baño.

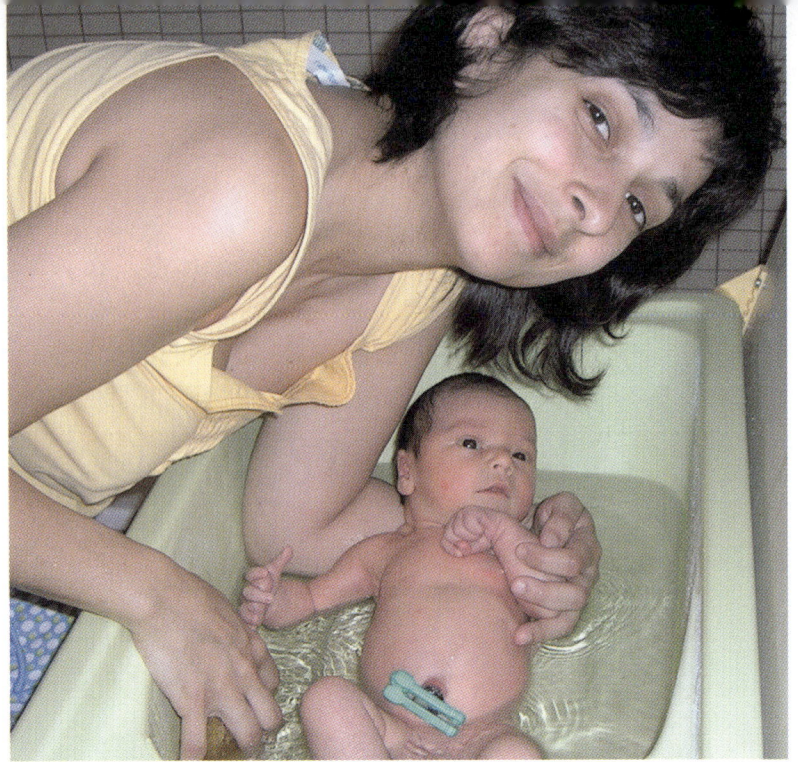

- La temperatura del cuarto donde se le bañe debe ser algo más alta de lo habitual, porque vamos a desnudar al niño: alrededor de unos 24 °C.
- Al principio, pon muy poca cantidad de agua en la bañerita. A medida que el niño va creciendo irás aumentando la cantidad.
- Si el agua está a la temperatura adecuada, ya puedes bañar al bebé. Mantenlo sentado, aguantándolo por la cabeza y el cuello (véase la fotografía).
- Conviene que, al principio, alguien te ayude con esta faena, pero pronto te resultará fácil sujetarlo y bañarlo sin ningún problema.

Recomendaciones

Tradicionalmente, el bebé recibía su primer baño después de la caída del cordón umbilical. Mientras tanto se le limpiaba el cuerpo con una esponja húmeda. Sin embargo, hoy en día, se recomienda bañarle desde el primer día. Aunque antes de la caída del cordón, el baño debe ser muy breve, de sólo unos segundos («baño infusión») y tendrás que secarle de forma meticulosa y con mucho cuidado, sobre todo la zona umbilical y los pliegues.

En primer lugar lávale la cabeza y el tronco, incluida la zona umbilical, y deja para el final la zona del culito. Usa un jabón neutro de bebé o uno de avena. No debes enjabonar directamente la piel del niño: echa unas gotas de jabón en el agua.

Como hemos dicho, el baño del bebé pequeño debe ser muy breve, de no más de dos o tres minutos, y si todavía no se le ha caído el cordón umbilical, de sólo unos segundos. Conforme el bebé vaya creciendo, irás prolongándolo.

Sécalo despacio y sin frotar, con especial cuidado en las zonas de pliegues: axilas, ingle, cuello, etcétera. Y es fundamental secar bien con una gasita y con cuidado la zona del ombligo. No uses bastoncillos para secarle los oídos (conductos auditivos), aunque pueden serte útiles para limpiar la zona de alrededor del ombligo.

Es costumbre bañar al bebé por la tarde, antes de acostarlo para dormir, porque es sabido que el baño le relaja; luego sólo le quedará su toma final del día y ya podrás acostarlo.

RECUERDA

No dejes al niño solo en la bañerita ni un segundo. Si suena el teléfono o llaman a la puerta, o no contestas o coges al bebé y te lo llevas envuelto en la toalla, pero no lo dejes nunca solo en el agua.

Los errores más frecuentes

- Poner mucha agua en la bañera.
- Acudir a contestar al teléfono o al timbre, dejando solo al niño, aunque esto sólo suele ocurrir cuando el niño es algo más mayor.
- No comprobar la temperatura del agua.
- No secar cuidadosamente las zonas de pliegues: ingle, axila, cuello y ¡ombligo!
- Frotar al secarlo. Hay que secarle bien, pero sin frotar.
- Usar polvos de talco. Después del baño le puedes poner crema hidratante de bebé, o si la piel está muy seca, aceite de almendras. No uses polvos de talco.

Cuidado de la piel y las uñas

Algunos bebés, sobre todo los que han nacido pasadas las 40 semanas de gestación, pueden tener la piel muy seca, incluso algo descamada. También pueden presentar los surcos de la piel muy marcados e incluso grietas (véase la fotografía de la página siguiente).

Aunque es normal, en estos casos de piel muy seca, se les suele untar bien con aceite de almendras después del baño. También puedes usar una leche hidratante.

Si tiene las uñas largas y se araña, córtaselas con una tijerita roma de forma redondeada y con mucho cuidado.

Cambios del pañal

Sólo dos palabras referentes al cambio del pañal. Cuando notes al bebé incómodo o mojado, debes cambiarlo. Aunque los paña-

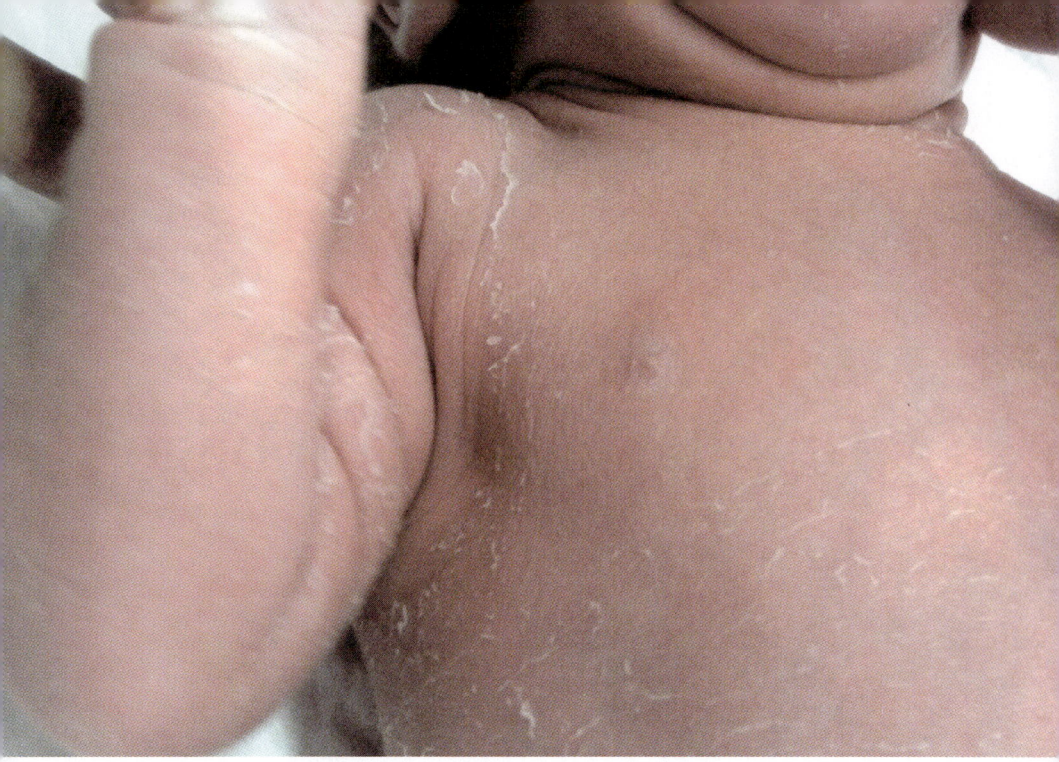

les actuales son muy absorbentes, si permanecen sucios durante un rato, también acaban irritando la piel (eccema del pañal)
y pueden causar sobreinfecciones, sobre todo por hongos.

A las niñas, nunca les limpies la caquita arrastrando hacia
adelante con la toallita húmeda. Se limpia hacia atrás. Porque
de lo contrario se ensucia la zona genital, lo que es una causa
frecuente de infecciones urinarias.

No uses polvos de talco después del cambio de pañal. Puedes
usar una crema hidratante para el culito.

11

Los cuidados del ombligo

El bebé se irá a casa con el muñón del cordón umbilical. Lo llevará pinzado para que no sangre. Evidentemente ¡no debes retirar nunca esta pinza!

En cuanto a los cuidados del ombligo, ya hemos comentado que lo tienes que lavar con agua y jabón como parte del baño diario. Pero al menos una vez al día hasta que se caiga, debes hacer la cura del ombligo, tal y como te explicamos a continuación:

ATENCIÓN

El alcohol usado habitualmente en medicina es de 96° y puede quemar la piel del bebé. Para las curas debes comprar alcohol de 70°.

Cura clásica

- Antes de hacer la cura del ombligo: lávate bien las manos con agua y jabón.

- Retira la gasa (si la tiene) que lo cubre.

- Limpia la zona: con una mano sujeta la pinza y con la otra le limpias bien y con cuidado alrededor del ombligo (restos de sangre, secreciones, etcétera) con una gasa humedecida con alcohol de 70°. Espera unos segundos para que el alcohol se evapore. Esta limpieza también puede realizarse con suero fisiológico, pero al menos una vez al día hazla con alcohol.

- Coloca una nueva gasa estéril, con unas gotas de alcohol de 70°, enrollada alrededor del ombligo, entre la piel del abdomen y la pinza. Esta gasa no debe ir empapada en alcohol, sólo algo húmeda (véanse las fotografías).

- Dobla los pañales por la parte delantera para evitar que cubran el ombligo. No pongas ningún tipo de faja, ombliguero, vendas o similares.

En algunos centros aconsejan hacer la cura con clorhexidina al 0,2 % (Diaseptyl 0,2 %). No hay problema, es muy buen antiséptico. La mercromina también se usaba mucho antes y va

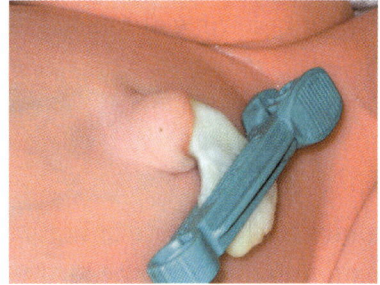 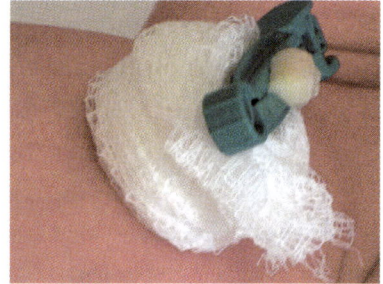

Nota

- Algunos pediatras no son partidarios de dejar una gasa cubriendo el ombligo y prefieren que quede al aire.

- En algunos centros no realizan una cura húmeda con antiséptico y sólo recomiendan tener esa zona limpia y seca.

bien, pero tiñe de rojo el ombligo, por lo que impide ver su color real. Sin embargo, no debes usar povidona yodada (Betadine) o alcohol yodado, salvo indicación expresa del pediatra, porque contienen mucho yodo, que puede pasar al bebé.

Cuando el ombligo se caiga, verás en la base de la herida pequeños restos de sangre. Límpialos con una gasita y alcohol de 70°. Pero si aparece un sangrado más importante o de forma continua (aunque sea poco), debes consultar con el pediatra.

Tétanos neonatal

Es una complicación, absolutamente excepcional en nuestro entorno, de una infección de la herida umbilical. Sólo debemos saber que existe y que los adultos también tenemos que revacunarnos contra el tétanos.

Pero en países pobres, donde las madres no están vacunadas contra el tétanos, ni hay una cultura higiénico-sanitaria, el cordón se corta y se anuda con material no estéril, y el tétanos se convierte en un problema sanitario importante.

Granuloma umbilical

En ocasiones, después de caer el ombligo, la base de la herida no acaba de secarse y forma como un muñoncito húmedo, que

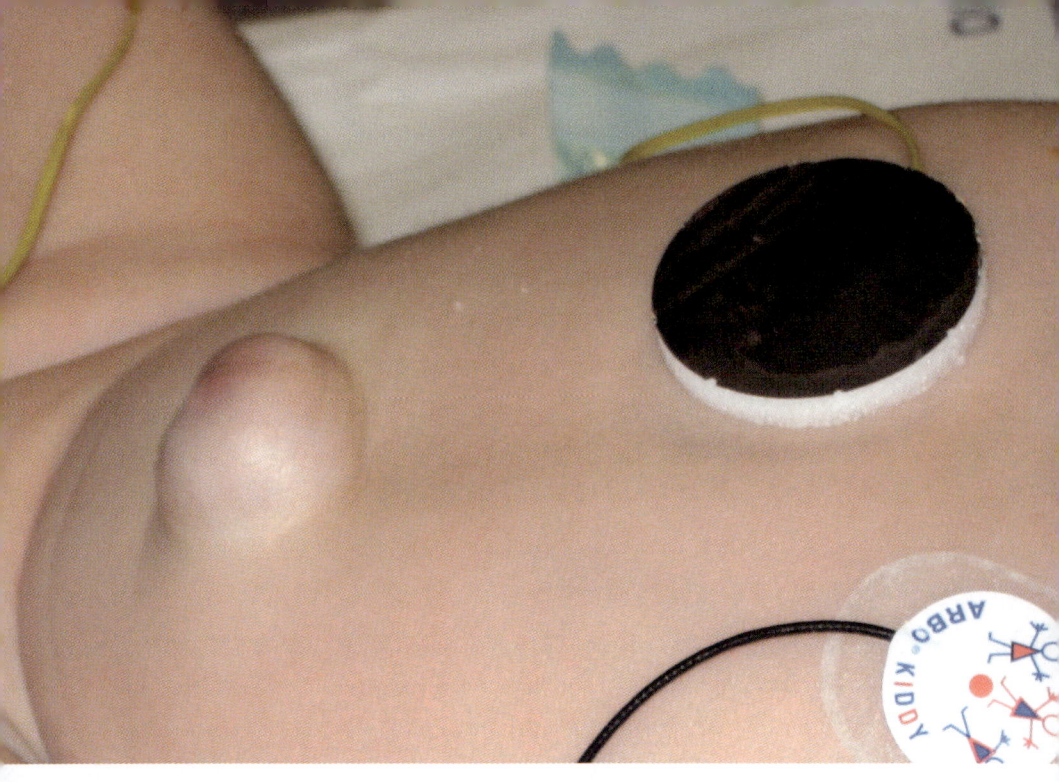

recibe el nombre de granuloma. Debes consultar con el pediatra, porque a veces precisa tratamiento. Éste es muy sencillo y se
realiza en la consulta. Consiste en cauterizar (quemar) el granuloma con una barrita de nitrato de plata.

Hernia umbilical

Se produce por un defecto en la pared del abdomen en la zona
del ombligo (como un ojal). Estas hernias suelen ser pequeñas,
de un tamaño menor al de una moneda de un euro, pero las
hay de varios centímetros de diámetro y que presentan abulta-
miento. Son más frecuentes en niños prematuros y en los de
raza negra.

Al contrario de las hernias inguinales, no suelen incarce-
rarse ni dar complicaciones. Generalmente se resuelven sin
ningún tratamiento. Sólo en algunos casos (hernias grandes,

sexo femenino, presencia de síntomas, etcétera), el bebé necesitará reparación quirúrgica cuando sea más mayor.

El tiempo que tarda en desprenderse el cordón umbilical varía bastante, pero en la mayoría de los niños ocurre durante las dos o tres primeras semanas de vida.

Retraso en la caída del cordón umbilical

- Aunque muchos autores ponen el límite en el mes de vida, otros consideran que el tiempo normal de caída del cordón umbilical se encuentra entre los tres días y los dos meses.

Debes consultar con el pediatra sin demora si observas:

- Que la piel alrededor del cordón está roja, brillante, inflamada, tiene secreciones sucias, pus o huele mal. El ombligo se comunica con las venas hepáticas y una infección cerca de éstas puede complicarse y ser seria.

- Que el cordón umbilical no se ha desprendido pasado el mes de vida, sobre todo si está húmedo.

- Sangrado o emisión de líquido por el ombligo. Justo cuando se cae o está a punto de caerse, es normal observar algunos restos de sangre, pero si tienes dudas, consulta al pediatra.

12

Pruebas metabólicas

En el caso de algunas enfermedades del metabolismo, como el hipotiroidismo o la fenilcetonuria, cuando aparecen los síntomas que permiten a los médicos identificarlas, es demasiado tarde y seguramente ya han producido daños en el bebé. Por ello se han ideado métodos para el diagnóstico precoz, antes de que aparezcan los síntomas. Son las pruebas de *screening* o cribado de metabolopatías.

Según las estadísticas, aproximadamente uno de cada 3.500 bebés nace con hipotiroidismo. Como inicialmente el bebé no muestra nada anormal, no se sabe si está afectado o no. Por eso se analiza la sangre de todos los recién nacidos. Así, al detectar los casos de hipotiroidismo de forma muy precoz, se inicia muy pronto el tratamiento y se evita que el niño sufra un grave retraso psicomotor.

En España existen veintiún centros que realizan estas pruebas, y como ocurre con otros temas sanitarios, dependen de las comunidades autónomas. Aunque parezca raro, no todos esos centros «criban» las mismas enfermedades. Si bien en todas las comunidades autónomas españolas se hace el cribado del hipotiroidismo y de la fenilcetonuria, otros procesos, como los que detectan la galactosemia o la fibrosis quística, se realizan sólo en algunas comunidades. Además, no todos los centros utilizan las mismas técnicas, y esto condiciona la toma de muestras. Algunos centros recogen una única extracción de sangre del talón al tercer día de vida. En algunas autonomías se extrae una muestra en el hospital, antes del alta, para el estudio del hipotiroidismo, y unos días más tarde se recoge en el centro de salud una segunda muestra para la fenilcetonuria y otras enfermedades. Por otra parte, el estudio de muestras de orina se realiza en muy pocos centros.

Al salir del hospital, junto con la cartilla de salud infantil, te entregarán un sobre con las instrucciones y el material necesario para la recogida de muestras. Lo normal es que lleves a tu bebé al centro de salud para que le recojan las muestras.

RECUERDA

Las técnicas de laboratorio empleadas no son exactamente iguales en todas las comunidades autónomas. Cuando nazca tu bebé, en el hospital te informarán detalladamente.

La prueba del talón

Se pincha al bebé en la zona lateral del talón (véase la ilustración). Para disminuir el dolor del pinchazo, te aconsejamos que administres previamente al bebé una dosis oral de azúcar (sacarosa): en 35 ml de agua apta para biberón, añade 1 sobre de azúcar (de los que ponen en las cafeterías, de 8 g) y disuélvelo. Con una jeringuilla dale en la boca 0,5-1 ml, unos dos minutos antes del pinchazo.

La muestra se recoge en un papel secante. El círculo del papel secante debe quedar totalmente impregnado de sangre hasta traspasar al otro lado (véase la fotografía de la página siguiente). No seques las muestras de sangre y de orina con el secador del pelo o con otra fuente de calor. Se secan con el calor ambiental. Posteriormente métrelas en el sobre y envíalas por correo sin demora. Cuanto antes lleguen, antes sabrás si hay algún problema y, si fuera el caso, antes se iniciará el tratamiento. No olvides rellenar todos los datos en la ficha.

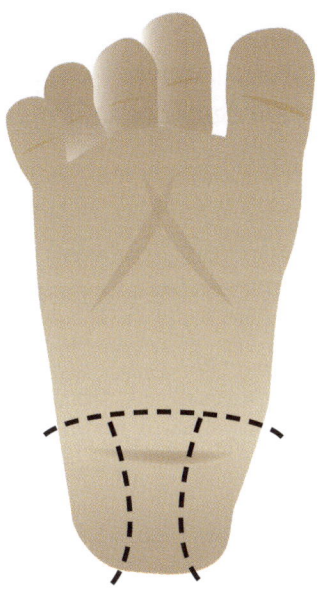

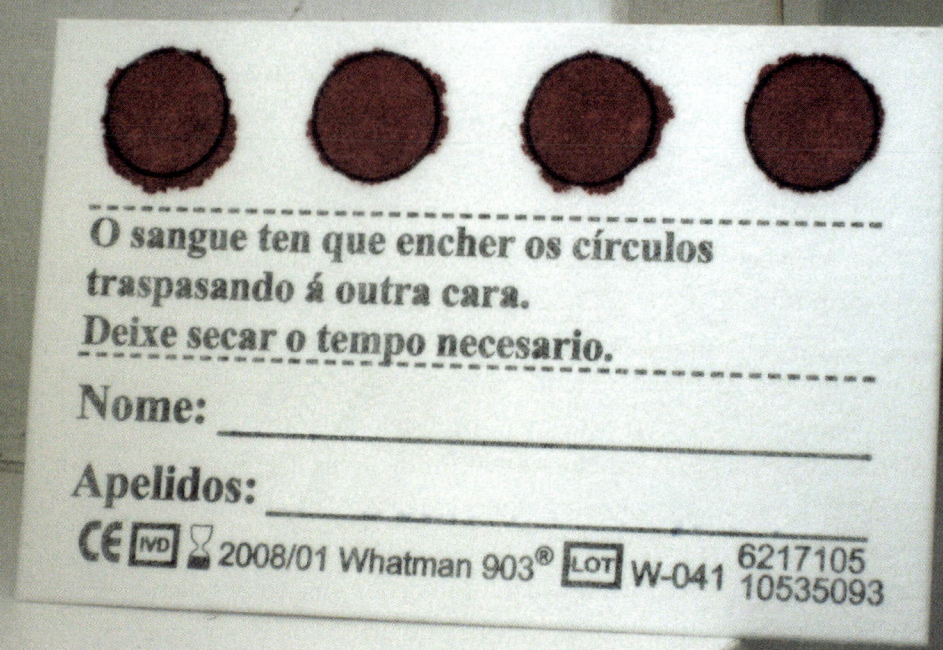

O sangue ten que encher os círculos traspasando á outra cara.
Deixe secar o tempo necesario.

Nome:

Apelidos:

CE [IVD] ⌛ 2008/01 Whatman 903® [LOT] W-041 6217105 10535093

Ocurre con frecuencia que, desde el Centro de Metabolopatías, informen de que hay que repetir las pruebas metabólicas y soliciten una nueva muestra. No te asustes, la mayoría de las veces es un problema técnico: muestra escasa o contaminada. Envía la nueva muestra sin demora e informa al pediatra.

13

Pruebas de audición

En el hospital, antes de darle el alta, se realiza una prueba para comprobar la audición del bebé. Consiste en ponerle unos auriculares durante unos minutos. Es indolora y rápida.

Es una prueba de criba: si supera la prueba, se concluye que el bebé oye bien. Sin embargo, si un niño no supera la prueba, no significa que no oiga. Lo único que indica es que habrá que hacer otra prueba más fiable (potenciales evocados auditivos). Hay que tener en cuenta que esta primera prueba está pensada para que no se escape ninguna sordera sin diagnosticar, y es tan sensible que muchos niños normales no la pasan. La gran mayoría de los bebés que no pasan las pruebas de cribado tienen una audición normal.

Por tanto, si tu niño no pasa el cribado de audición no debes preocuparte, porque lo más probable es que no tenga ningún problema serio. De cualquier modo, hay que hacerle un se-

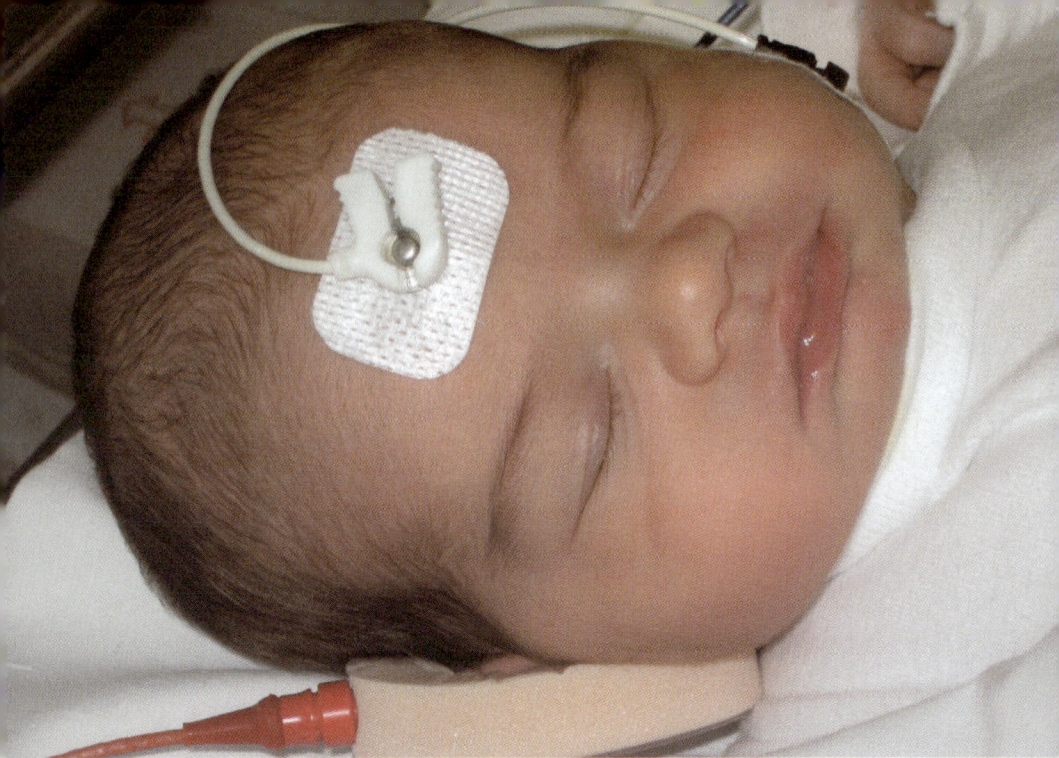

guimiento y otras pruebas más fiables para valorar mejor su audición.

Si después de todo el estudio se concluye que el bebé tiene un problema de audición, cuanto antes se sepa, antes se le podrá ayudar: en el desarrollo de comunicación, con implantes cocleares, etcétera.

14

Postura para dormir

Se recomienda acostar a los recién nacidos sanos boca arriba. Hoy en día, hay estudios suficientes que indican que los niños sanos deben dormir en esta posición. Se sabe que cuando los bebés sanos duermen sobre la espalda existe un menor riesgo de muerte súbita en la cuna. A continuación hablaremos de este gran problema, pero por ahora sólo resaltar que no debes acostar al bebé bocabajo, aunque esté con la cabecita girada. ¡El bebé debe dormir boca arriba! En 1992, la Academia Americana de Pediatría (AAP) inició una campaña divulgativa para promover esta postura. ¡Simplemente con esta medida el número de muertes súbitas del recién nacido disminuyó en un 50 %!

Muerte súbita

Se denomina síndrome de muerte súbita del lactante (SMSL) a la muerte repentina e inexplicable de un niño menor de un año mientras duerme. Es un suceso enormemente trágico, y en España es una de las causas principales de mortalidad en niños durante el primer año de vida. No se conoce con exactitud la causa, e incluso se piensa que pueden ser varias y no una sola. Se da con más frecuencia en los varones, y el pico de mayor incidencia se sitúa entre los dos y los cuatro meses de edad. Pero aunque se ignore la causa última de este síndrome, sí que se conocen los factores de riesgo y se puede actuar sobre muchos de ellos, disminuyendo así las posibilidades de que se produzca una desgracia.

Hasta aquí hemos hablado de niños sanos, nacidos a término y sin otros factores de riesgo. Pero existe un pequeño grupo de niños que tienen un mayor riesgo de SMSL y que pueden necesitar otras medidas. El pediatra te aconsejará en tu caso concreto.

Qué hacer para minimizar los factores de riesgo

- Opta por la lactancia materna. Es la mejor.

- Los niños sanos deben dormir boca arriba. Lo recomienda la Asociación Española de Pediatría, la Academia Americana de Pediatría y todos los expertos en este tema. No lo dudes.

- El colchón de la cuna no debe ser muy blando, sino más bien durito. Evita los edredones, las almohadas, los cojines y los juguetes blandos en la cuna.

- Nada de tabaco. ¡Nadie debe fumar en el hogar donde vive un bebé! Y tampoco permitas que nadie fume cerca de tu hijo.

- La temperatura de la habitación debe ser agradable, pero no excesiva: en torno a los 20 ºC. El ambiente de la habitación no debe estar cargado. Si es necesario, airéala durante unos minutos.

- No lo abrigues demasiado ni le cubras la cabeza. Temperaturas excesivamente altas y el abrigo o arropamiento excesivo se han relacionado con la muerte súbita y deben evitarse.

- Dale el chupete. Parece que el uso del chupete puede ser un factor de protección contra el síndrome de muerte súbita. Si le das el pecho, ofrécele el chupete una vez que hayáis establecido bien la lactancia materna, sobre las tres semanas de vida (véase el capítulo 22).

- No a las drogas: el tabaco, el alcohol y las drogas consumidos durante el embarazo y la lactancia aumentan el riesgo de muerte súbita del lactante.

Prevención de las deformaciones de la cabeza

Un recién nacido sano debe dormir boca arriba. Pero, para evitar deformidades, no debe apoyar la cabeza siempre sobre la misma zona. Si el niño adopta siempre la misma postura para dormir, y apoya durante muchas horas la misma zona de la cabeza en el colchón, poco a poco, esa zona se irá deformando y aplanando.

Por lo tanto, debe dormir boca arriba, pero debes rotarle la zona de apoyo de la cabeza:

- Cabeza centrada.
- Girada parcialmente a la derecha.
- Girada parcialmente a la izquierda.

Finalmente, algo muy importante: a partir de las seis semanas de edad, cuando tu bebé esté despierto y vigilado, conviene que lo pongas con el culito hacia arriba y juegues con él en esta posición (prono). Así, a la vez que haces que durante un rato no apoye la cabeza sobre la zona occipital, estarás estimulándolo para que haga ejercicio, porque tenderá a levantar la cabeza.

ATENCIÓN

Sólo debes poner a tu bebé bocabajo cuando esté despierto y alguien lo vigile y juegue con él. No debes dejar nunca a un bebé bocabajo en la cuna ni aunque esté despierto, porque puede quedarse dormido así.

15

El paseo

La sillita de paseo debe ser práctica y segura. Asegúrate de que tanto los frenos como el sistema de plegado funcionan correctamente.

Si el tiempo es bueno y agradable, el bebé puede salir de paseo a partir de los siete o diez días de vida, aunque sólo por un período breve. Lógicamente, evita siempre las horas de calor fuerte y la exposición directa al sol. En verano la hora ideal es hacia última hora de la tarde. No salgas si llueve, hace frío o viento, etcétera. Los primero paseos deben ser breves y, en todos los casos, la duración del paseo dependerá de las condiciones climatológicas.

16

Las micciones

La mayoría de los recién nacidos orinan dentro de las primeras doce horas de vida y prácticamente todos dentro de las primeras veinticuatro horas. No es raro que ya haga su primera micción en el paritorio, nada más nacer. «Niño meado, niño salvado», decían las comadronas de la vieja escuela.

Los bebés suelen orinar al desnudarlos, por lo que no te será difícil observar algunas micciones. Fíjate en si la orina sale sin dificultad y con un buen chorro, y también en si son frecuentes y abundantes, porque es un indicador de una buena hidratación.

A veces, ocurre que los padres observan en el pañal manchas de color rojo-naranja, y avisan asustados al pediatra, creyendo que se trata de sangre en la orina, pero suele tratarse de uratos (sales normales de la orina). Si te fijas bien, verás que estas manchas de uratos no son rojas, sino de color anaranjado, semejante al maquillaje. La sangre tiene un color más oscuro. De todas for-

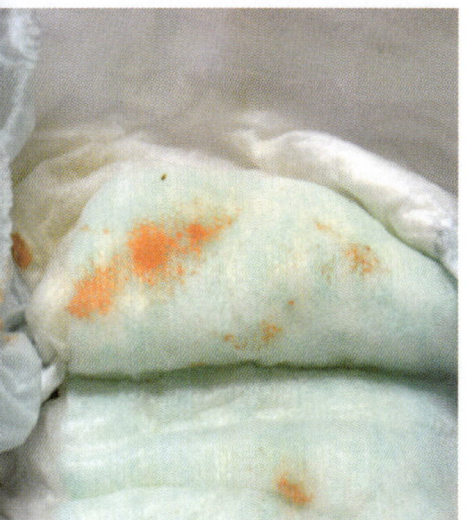

Uratos.

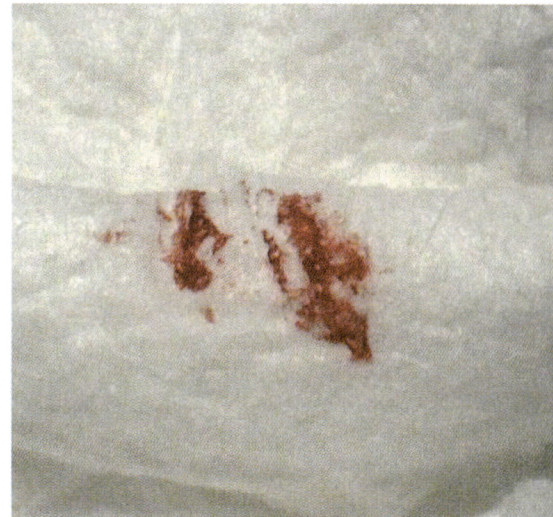

Sangre en pañal.

mas, si tienes dudas se le hará un análisis de orina (véanse las fotografías).

Pero si el bebé ha manchado el pañal de rojo oscuro, probablemente sí sea sangre: debes acudir al pediatra y llevarle el pañal.

Hemorragia vaginal en la recién nacida

Algunas niñas sobre los tres o cinco días de vida pueden sufrir una pequeña hemorragia vaginal (como una pequeña regla), que se debe a las hormonas maternas que recibió antes de nacer. No tiene mayor importancia.

De todas formas, como ya hemos dicho, si notas manchas sospechosas en el pañal debes consultar con el pediatra, y sobre todo no te olvides de llevar el pañal. ¡Es la prueba!

17

Las deposiciones

Los recién nacidos suelen realizar la primera deposición durante el primer día de vida, y prácticamente todos han eliminado
meconio en las primeras 48 horas.

Las primeras deposiciones del recién nacido son negruz-
cas y pegajosas (meconio). Paulatinamente, se van transfor-
mando en deposiciones normales (de bebé), que varían un poco
en el aspecto dependiendo del tipo de alimentación: pecho o
biberón.

Las heces del bebé que toma el pecho suelen ser de color
amarillo oro, blandas y con grumos. No deben contener moco
ni sangre. La frecuencia varía mucho: desde una deposición en
cada toma, hasta una deposición cada cuatro o cinco días, o incluso más.

Si toma biberón, las deposiciones suelen ser más pálidas y
de mayor consistencia.

A veces, debido a la oxidación o a un tránsito intestinal rápido, las heces pueden tener un color verdoso oscuro (verde-botella), que no tiene ninguna importancia.

Es relativamente frecuente que las madres consulten con el pediatra por el supuesto «estreñimiento» del bebé. O que cambien de marca de leche varias veces, ya sea por su cuenta o bien aconsejadas por el médico. En múltiples ocasiones, al realizar una historia clínica detallada, se aprecia que el niño no está en realidad estreñido, sino que «le cuesta hacer caca» (se pone rojo, empuja, encoge las piernas), pero las heces no son duras, sino de consistencia normal o incluso blandas. Si el niño está cómodo, no le daremos importancia (véase el capítulo 43).

18

Las nuevas vacunas

Las dos medidas más eficaces del siglo pasado, desde el punto de vista de la medicina preventiva y de la salud pública, fueron la cloración del agua de consumo público y el desarrollo de las vacunas.

El término «vacuna» deriva de la palabra «vaca». Según la historia, hace mucho, mucho tiempo, un estudiante de medicina llamado Jenner observó que las lecheras de su pueblo, que ordeñaban las vacas, no padecían la viruela. Sin embargo, presentaban en las manos unas lesiones semejantes a las que tenían algunas vacas en las ubres. En realidad, esas lesiones eran producidas por el virus de la viruela de las vacas, un virus menos agresivo, que causaba que las lecheras produjeran defensas contra la enfermedad y, por tanto, no contrajeran la auténtica viruela. El 14 de mayo de 1796, Jenner extrajo pus de una de las lesiones de la mano de Sarah Nelmes, una ordeñadora que había contraído la viruela de su vaca lechera, y se lo inoculó a James Phipps, un niño de ocho años, que se convirtió en el primer niño vacunado. Y así se dio el primer paso en la historia de las vacunas. Gracias a ellas, poco a poco, se ha eliminado la viruela en todo el mundo y Europa está a punto de declararse también territorio libre de poliomielitis salvaje.

Es imprescindible vacunar al bebé. La primera vacuna se le administra a las pocas horas de vida, en el hospital: es la vacuna contra la hepatitis B. Las siguientes se las pondrán, en su momento, en el centro de salud.

Los centros de salud actuales nada tienen que ver con los ambulatorios de hace años y están dotados de material moderno y personal muy cualificado: enfermeros y enfermeras, matronas, médicos, pediatra, etcétera. Este equipo de profesionales hará un seguimiento de tu bebé una vez que abandones el hospital: controles de salud, vacunas, enfermedades e incidencias, etcétera. Sigue sus instrucciones.

El calendario de vacunación es competencia de las comunidades autónomas, por lo que puede haber pequeñas diferencias entre ellos, aunque, en lo fundamental, coinciden todos.

Recientemente han salido algunas nuevas vacunas que merecen tenerse en cuenta. Aunque, a fecha de hoy, aún no están en el calendario de vacunación oficial, se pueden comprar en las farmacias.

Vacuna contra el rotavirus

La infección por rotavirus es la causa más frecuente de gastroenteritis en niños (diarrea, vómitos, dolor abdominal y fiebre). La mayoría de las veces causa cuadros leves, pero en ocasiones se pueden producir complicaciones graves, como la deshidrata-

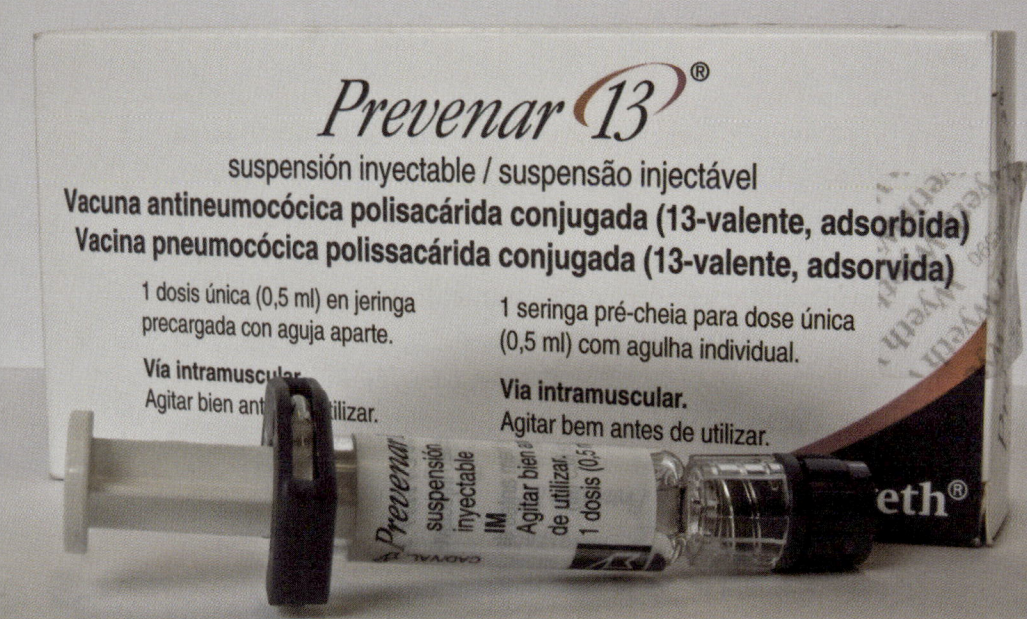

ción, que requieren el ingreso en el hospital. Lógicamente cuanto más pequeño sea el bebé, más problemas puede causarle este virus (véase el capítulo 42).

Debes saber que existe una vacuna segura y eficaz contra el rotavirus. Si tu hijo ha nacido prematuro, puede vacunarse cuando tenga el alta. Consulta con tu pediatra, pero sin mucha demora, porque la primera dosis se pone muy pronto (sobre las seis semanas de vida).

Vacuna contra el neumococo

Las infecciones invasivas por neumococo son poco frecuentes, pero suelen ser muy graves y pueden dejar secuelas o incluso causar la muerte. La única vacuna que existía hasta hace poco (Prevenar) prevenía sólo contra siete tipos de neumococo (7-valente). Actualmente existe un Prevenar nuevo 13-valente, que se espera que sea más efectivo que el 7-valente. Varios hospitales españoles han participando en los ensayos clínicos de esta nueva vacuna. También existe otra con diez tipos de neumococo (10-valente) denominada Sinflorix.

La Asociación Española de Pediatría aconseja vacunar a los lactantes contra el neumococo a partir de los dos meses de edad. Por ello, las autoridades sanitarias están considerando incluir la vacuna del neumococo en el calendario de vacunación (algunas Comunidades Autónomas ya lo han hecho).

Vacuna de la varicela

Actualmente, en España se vacuna a los niños de quince meses contra el sarampión, la rubéola y las paperas (vacuna Trivírica). Muchos países incluyen también la vacuna contra la varicela (vacuna Tetravírica).

La varicela no suele ser una enfermedad grave pero, en ocasiones, puede producir complicaciones importantes. La vacuna para esta enfermedad es segura y eficaz. Consúltalo con tu pediatra. Dile que considere vacunar a tu hijo de la varicela. La Asociación Española de Pediatría lo recomienda.

Esperemos que estas tres vacunas se incluyan pronto en los calendarios oficiales de todas las comunidades autónomas. Mientras tanto, ahora ya sabes que existen vacunas seguras y eficaces contra el neumococo y la varicela. Se pueden comprar en las farmacias y la Asociación Española de Pediatría las recomienda. ¡Consulta con tu pediatra!

En cuanto al resto del calendario de vacunación, el pediatra te irá informando de cuándo y de qué hay que vacunar al pequeño.

19

Estimulación del desarrollo psicomotor

Los primeros días de vida, los bebés suelen estar poco despejados. Duermen muchas horas y, si están cómodos, prácticamente sólo comen y duermen. Apenas abren los ojos. Pero en pocos días irás observando cambios importantes y notarás que tu pequeño está cada vez más despierto y más «atento».

Cuando está despierto, para que vaya aprendiendo, conviene que lo estimules y le hagas mucho caso: háblale, cántale y cuéntale cosas, como si fuera mayorcito.

¿Cuándo empiezan a oír?

Los bebés oyen desde que nacen y, de hecho, las pruebas de audición se les hacen el primer o segundo día de vida (véase el capítulo 13).

¿Cuándo empiezan a ver?

Parece ser que durante el primer mes de vida la visión es más rudimentaria, pero se sabe que a unos 20 cm, tu recién nacido ya será capaz de ver tu rostro (por ejemplo, cuando lo alimentes). Sobre las cinco o seis semanas tendrá una visión suficientemente desarrollada para que de cerca (1 metro), te responda con una sonrisa cuando le sonrías (sonrisa social).

Pero, para su buen desarrollo, el bebé necesita que le estimules. Es muy importante que le hables, le cantes, juegues con él, etcétera. Hasta existe un viejo refrán que apunta hacia la importancia de la estimulación de los bebés: «Niño que no ríe al mes, culpa de sus padres es».

20

El llanto

Los niños lloran. Y algunos lloran mucho. Es su forma de comunicarse y de manifestar sus problemas. Un recién nacido no puede hablar o hacer señas ni comunicarse de ninguna manera que no sea con el llanto. Un bebé que llora puede estar indicando que tiene frío, calor, necesidad de que le cambien pañal, dolor, picor, aburrimiento, sueño, etcétera. Lo mismo que ocurre con los adultos, ocurre con los niños: unos son más llorones y más irritables, y otros más tranquilos.

A medida que pasan los días irás aprendiendo a manejar la situación e irás conociendo mejor a tu bebé: reconocerás distintos tipos de llanto, cómo responde al cogerlo, etcétera.

Normas fundamentales de actuación

Primera norma

Has de mantenerte tranquila. Inicialmente hazle caricias, o cógelo en brazos, sin hacer movimientos bruscos. Háblale de forma pausada, serena, sin gritos ni nervios, para que se vaya calmando. Como ya hemos dicho, los bebés captan el nerviosismo en el ambiente: por el tono de voz, por los movimientos bruscos y nerviosos, por los gritos de los adultos, etcétera.

Segunda norma

Cuando un bebé llora debes ir junto a él y tratar de calmarlo.

Pero no lo calmarás si tú no estás tranquila. A todos los pediatras los han llamado alguna vez desde la maternidad para asistir a un bebé que llora y no se calma. A veces, al llegar se encuentran a cinco o seis familiares, todos muy nerviosos y chillando, mientras el niño llora a todo pulmón. «Doctor, el niño tiene algo, porque llora mucho y no hay forma de calmarlo.» Exploran al bebé y todo parece normal. Lo cogen en brazos, lo mecen con calma y con suavidad, y ¡milagro!, se calla. O ven que chupa con ansiedad y que tiene hambre: se le da la toma y se calla. No es tan raro como podría parecer que los padres lleven a un bebé al servicio de urgencias porque llora y el llanto desaparezca en cuanto se le da un biberón.

Por tanto, si tu bebé llora, trata tranquila y serenamente de consolarlo, de calmarlo, al mismo tiempo que tratas de averiguar cuál es el problema. ¿Tiene el pañal sucio? ¿Tiene hambre? ¿Tiene sueño? ¿Le duele algo? ¿Tiene fiebre?

No pasa nada si llora un ratito, mientras tratas de consolarlo, ya sea cogiéndolo en brazos, bañándolo, sacándolo a pasear, etcétera. Pero si el llanto es continuo y no se calma, desnúdalo y fíjate en si notas algo anormal: bultos en la zona inguinal o en los testículos, hematomas, sangrados, heridas, etcétera. También debes revisarle los dedos de las manos y los pies, porque un hilo del pijama, del calcetín, o incluso un pelo, puede habérsele enrollado y estarle estrangulando un dedo, o incluso los genitales: es el famoso síndrome del torniquete.

Y si el llanto inconsolable persiste debes acudir al médico. El dolor de oídos o el dolor abdominal pueden ser causa de un llanto inconsolable; en esos casos, a veces se logra consolarlo y duerme un ratito, pero pronto despierta otra vez llorando fuerte.

Hay un tipo de llanto que siempre es preocupante y que significa que el niño está enfermo: es el llanto quejumbroso o quejido. Es un llanto débil, sin fuerza, lastimero, rítmico, como quejándose. Si tu bebé tiene quejido, debe verle el médico sin demora.

Otra causa muy frecuente de llanto es el cólico del lactante (véase el capítulo 37).

21

El hipo y el estornudo

Es muy frecuente que los niños recién nacidos tengan hipo. No tiene ninguna importancia ni ningún significado. Es normal y no precisa ningún tratamiento.

Con los estornudos pasa lo mismo que con el hipo. Los recién nacidos estornudan con mucha facilidad. Estornudan de forma refleja, y no significa que estén resfriados o se estén acatarrando. No tiene ninguna importancia.

22

El chupete

El uso correcto del chupete no es malo, e incluso se ha postulado que podría ser un factor de protección contra el síndrome de muerte súbita.

Recomendamos el uso del chupete, pero sólo a partir de que la lactancia materna esté bien establecida, generalmente sobre las tres semanas de vida. Se ha asociado el uso precoz del chupete con peores resultados en la consolidación de la lactancia materna. Por ello no es aconsejable ofrecerles el chupete en las primeras semanas de vida a los niños que toman el pecho. Pero si el niño se alimenta con biberón, le puedes dar el chupete desde los primeros días de vida.

El chupete debe lavarse bien y de vez en cuando hay que esterilizarlo. En ningún caso debes untarlo con azúcar, miel, leche u otras sustancias similares. Nunca te lo metas en la boca para «limpiarlo», porque en la boca de los adultos hay muchos gérmenes que pueden producir infecciones en el bebé, o más tarde caries.

Cuando el chupete esté blando y gastado debemos cambiarlo, porque si el niño ya tiene dientes puede romperlo y tragárselo, con el consiguiente riesgo de asfixia.

No le pongas ni prendedores ni cordones ni cadenitas, porque pueden enredársele en el cuello al bebé y producirle asfixia. Al comprar un chupete comprueba que cumple todas las medidas de seguridad.

¿Cuándo hay que retirar el chupete?

Retirar el chupete puede resultar una tarea difícil, porque los niños están «enganchados» y lo reclaman, sobre todo al irse a la cama.

Hasta el año, el chupete puede ser beneficioso, pero a partir de esta edad es causa de varios problemas. Usar chupete más allá del primer año es como llevar un aparato de ortodoncia, pero para deformar. Puede provocar deformidades del paladar, y el crecimiento de los dientes de tal forma que impiden cerrar bien la boca (maloclusión). Su corrección posterior será molesta y cara.

Sin embargo, tienes que ser oportuna y buscar un buen momento para retirarle el chupete. Por ejemplo, evita que coincida con los períodos de mayor estrés del niño, como el nacimiento de un hermanito, una enfermedad, etcétera.

23
Primera revisión en el centro de salud

La Academia americana de Pediatría recomienda controlar a los dos días del alta a todos niños que salen del hospital con menos de 72 horas de vida. Nos sumamos a esa recomendación (sobre todo si se ha optado por la lactancia materna), y te aconsejamos realizar el primer control en el centro de salud a los dos o tres días del alta hospitalaria. Los niños que toman el pecho tienden a perder algo más de peso durante los primeros días de vida que los que toman biberón y precisan una mayor supervisión.

Y no olvides recoger las muestras de sangre para las pruebas metabólicas; en algunas comunidades autónomas también se recoge orina (véase el capítulo 12).

El pediatra, en esa primera visita, pesará y explorará de nuevo al niño, y le abrirá una historia clínica, en la que anotará:

- Enfermedades familiares de interés.
- Incidencias durante el embarazo: analítica, ecografías, etcétera.
- Historia del parto: cefálico, nalgas, ventosa, cesárea, rotura prolongada de membranas, estreptococo B, etcétera.
- Incidencias del bebé: peso al nacer, puntuación Apgar, exploración en el hospital, etcétera.
- Detalles del cribado metabólico y auditivo, la alimentación, etcétera.
- Peso y medidas actuales, y resultado de la exploración.
- Si el bebé toma el pecho, posiblemente le dé vitaminas.

Puede ocurrir que en esta exploración se detecte algún problema nuevo o que haya pasado desapercibido en el hospital, como una fractura de clavícula o un pequeño soplo.

Los controles de salud realizados por el pediatra son de vital importancia para la prevención (vacunación, vitaminas, etcétera) y el diagnóstico precoz de problemas, a veces antes de que aparezcan los síntomas o cuando éstos aún son mínimos.

Parte 2

Problemas al
nacer

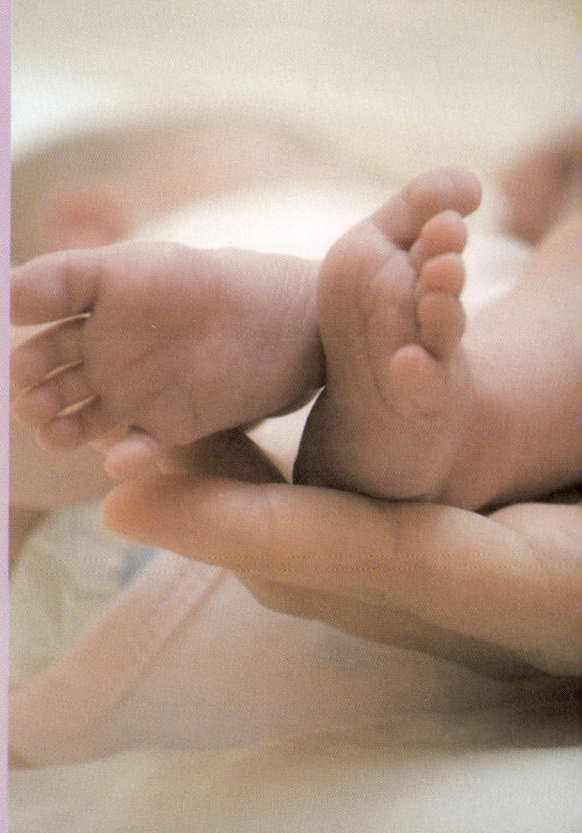

24

Bebés prematuros

El parto normal, a término, ocurre entre las semanas 37 y 42 de gestación (los médicos no hablamos de meses de embarazo, sino de semanas).

Si el parto ocurre antes de las 37 semanas de embarazo, se considera un parto prematuro, y al recién nacido se le calificará de pretérmino o prematuro. Lógicamente, cuanto más se adelante el parto, más pequeño y más inmaduro será el bebé: inmadurez de los pulmones, de los riñones, del cerebro, etcétera. Por lo general, un bebé de 36 semanas suele nacer bien y puede estar con su madre. Sin embargo, los grandes prematuros, los nacidos antes de las 32 semanas de gestación (o con menos de 1.500 g de peso) son bebés de alto riesgo y precisan cuidados en la unidad neonatal. El pronóstico de supervivencia sin complicaciones ni secuelas varía mucho, dependiendo del peso del bebé al nacer, del grado de maduración de los órganos, de la patología asociada, etcétera.

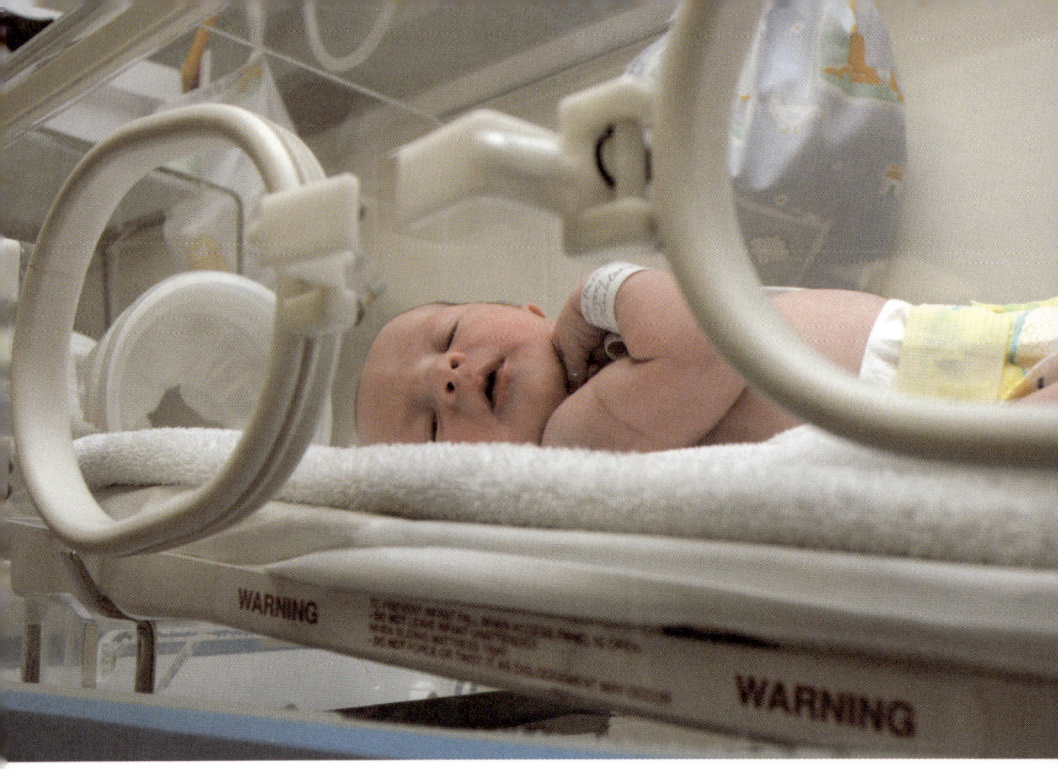

Recientemente también se habla mucho de los denominados prematuros tardíos, que son los bebés que nacen entre las 34 y 37 semanas (véase más adelante).

Si el parto ocurre después de las 42 semanas, el bebé se considera postérmino o posmaduro. Los embarazos prolongados también pueden acarrear problemas. Entre ellos, el que conlleva mayor riesgo es que el bebé manche el líquido amniótico con heces y pueda aspirar el meconio, lo que podría producir una dificultad respiratoria grave, acompañada de hipertensión pulmonar, lo que puede complicar mucho el tratamiento.

En el caso de que tu bebé sea prematuro o posmaduro, los pediatras que le atiendan te informarán cumplidamente de todos estos detalles.

Prematuros tardíos

Actualmente se habla de niños prematuros tardíos para referirse a los bebés nacidos entre la semana 34 y la 37 de gestación. Hasta ahora se le prestaba poca atención a este grupo de bebés, porque se consideraba que no tenían mayores problemas, dado que son «casi a término», en contraposición a los prematuros menores de 34 semanas. Sin embargo, en trabajos recientes se ha comprobado que estos bebés tienen más riesgo de presentar problemas en los primeros días de vida que los que nacen a término. Y tampoco son tan saludables como se creía. Por ello, a ser posible y siempre que no haya motivos médicos justificados, no se debería provocar el parto ni hacer una cesárea electiva antes de las 38-39 semanas.

25

Problemas de peso al nacer (bajo peso y macrosómicos)

Los bebés que pesan menos de 2.500 g al nacer se consideran recién nacidos de bajo peso. Los que pesan más de 4.000 g se consideran grandes o macrosómicos.

El bajo peso no siempre se debe a la prematuridad, sino que a veces son «viejos» (de 37 semanas o más) pero, por la causa que sea (generalmente por una placenta pequeña), no han engordado ni crecido lo suficiente.

Tanto los bebés de bajo peso como los muy grandes (macrosómicos) precisan más cuidados y más controles que los que presentan un peso adecuado. Así, con los de bajo peso se suele iniciar precozmente la alimentación y, si toman el pecho, pueden necesitar suplementos de leche adaptada. En ocasiones se deben hacer controles de glucosa en sangre, entre otros.

Por otro lado, es fácil entender que los niños muy grandes pueden tener más problemas durante el parto. Debido precisamente a su gran tamaño van a tener mayor dificultad para pa-

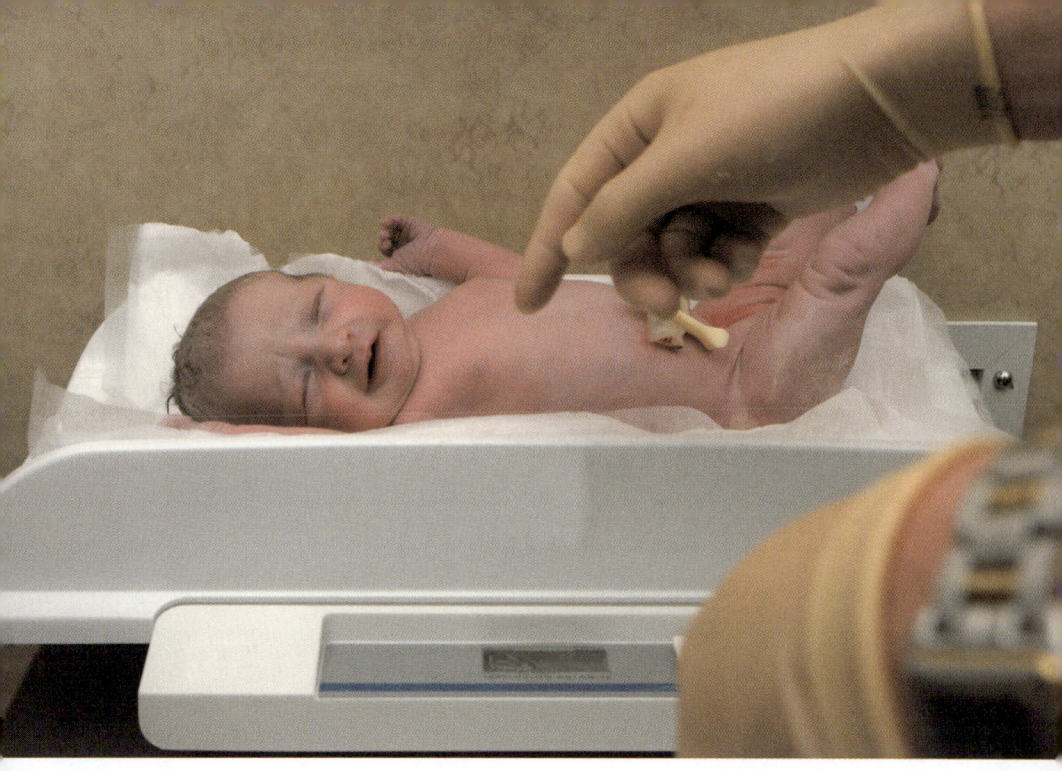

sar por un sitio estrecho como es el canal del parto, y pueden surgir complicaciones (también para la madre): dificultad para que salgan los hombros, fracturas de clavícula, parálisis braquial, hematomas, etcétera.

26
Riesgo infeccioso del recién nacido

Las infecciones en un niño recién nacido son importantes siempre, por lo que es fundamental la prevención y el diagnóstico precoz para poder iniciar cuanto antes el tratamiento.

Aunque cualquier niño puede coger una infección, existen situaciones en las que el riesgo es mayor: fiebre materna durante el parto, líquido amniótico maloliente, rotura prolongada de las membranas, presencia del estreptococo B en la vagina materna, etcétera.

A continuación, prestamos especial atención a dos situaciones de riesgo infeccioso para el bebé: el estreptococo B y la rotura prolongada de las membranas.

Madre portadora del estreptococo B (EGB)

A todas las embarazadas se les realiza un cultivo vaginal sobre la 36 semana de gestación para averiguar si están colonizadas por el estreptococo del grupo B (EGB). Esta bacteria es peligrosa: no

 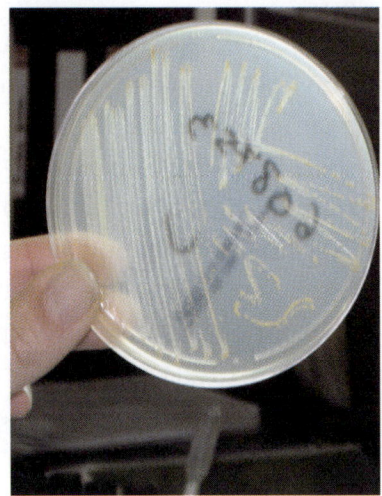

Cultivo con estreptococo B.

suele producir síntomas en la madre, pero cuando nace el bebé, puede colonizarlo y causarle una grave infección.

Por ello si en el cultivo vaginal das positivo para EGB, en el momento del parto te pondrán un antibiótico. Y si, por la causa que fuere, no da tiempo a realizar esta profilaxis de forma correcta, deberán darle penicilina al bebé en cuanto nazca. Con este protocolo se ha conseguido disminuir muchísimo las graves infecciones del recién nacido por el estreptococo B.

Rotura prolongada de las membranas

Las membranas del saco amniótico protegen al bebé del exterior y de las infecciones. Pero cuando se rompen, se elimina esta barrera física. Por consiguiente, cuando hay una rotura prolongada de las membranas (superior a 18-24 horas) sin que se produzca el nacimiento, aumenta el riesgo de infección para el niño.

Por eso, cuando el bebé tiene unas horas de vida, incluso si antes no hubo problemas, se le suele hacer una analítica para confirmar que todo está bien.

Si la analítica lo sugiere, o ante la menor duda, se inicia un tratamiento. Aunque tampoco se debe realizar un tratamiento con antibióticos sin una buena razón, porque a la larga se generan muchas resistencias bacterianas.

En España, existe un grupo de hospitales (Hospitales del Grupo Castrillo) cuyos neonatólogos están especialmente sensibilizados hacia el tema de las infecciones del recién nacido. Todos los años se reúnen en Castrillo de Polvazares (León) para recoger datos y estudiar las estrategias de lucha contra esas infecciones. En estas líneas, queremos dejar patente nuestro reconocimiento a su trabajo.

RECUERDA

Las infecciones en un niño recién nacido son importantes siempre, por lo que es fundamental la prevención y el diagnóstico precoz para poder iniciar cuanto antes el tratamiento.

27

La ictericia

La ictericia se manifiesta por el color amarillo de la piel y de las mucosas. Un niño con ictericia es un niño que está amarillo. Se aprecia muy bien en la conjuntiva: el blanco de los ojos. Este color se debe a la bilirrubina. Los recién nacidos tienen muchos glóbulos rojos, que poco a poco se van destruyendo y cambiando por otros «de tipo adulto», y eso produce bilirrubina. Si además le añadimos el hecho de que el hígado del bebé todavía está inmaduro, lo habitual es que los recién nacidos a los dos o tres días de vida se pongan algo amarillos. La ictericia irá cediendo en unos pocos días. Es un problema tan frecuente en el recién nacido, y habitualmente sin trascendencia, que lo consideramos como «normal» y hablamos de la ictericia fisiológica del recién nacido.

Pero, como en casi todo, hay límites. Y cuando se pasa de un determinado nivel de bilirrubina, ya no hablamos de ictericia fisiológica o normal. Porque la bilirrubina, en mucha cantidad,

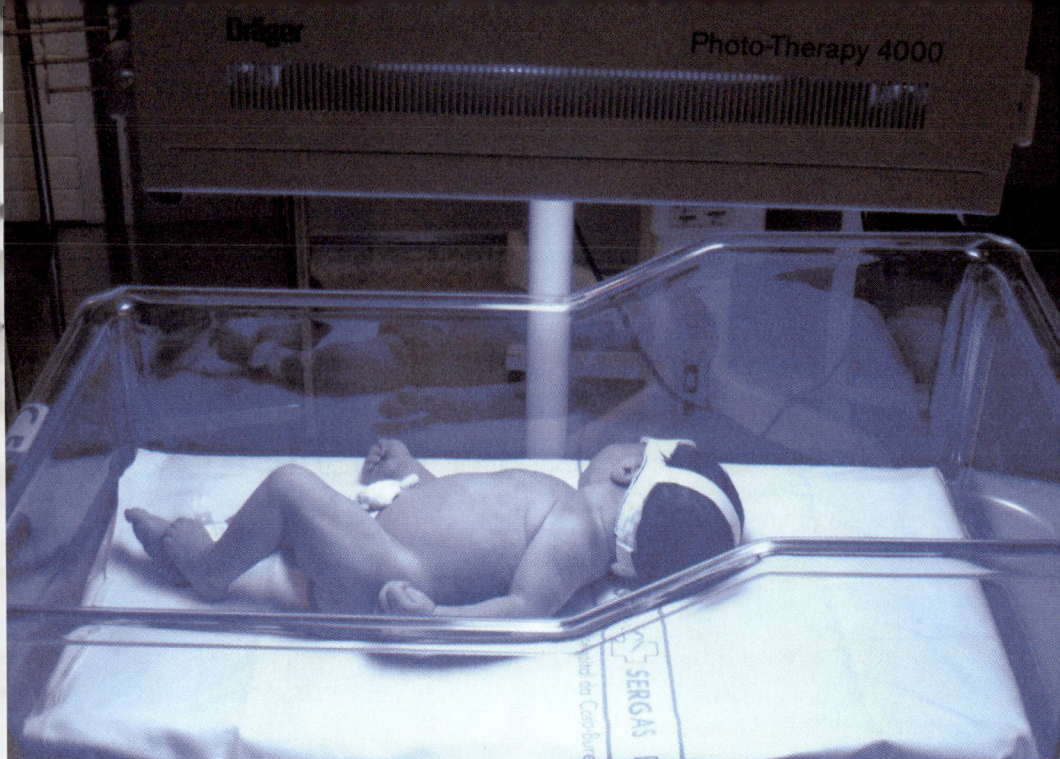

Bebé en fototerapia.

puede ser perjudicial. Así pues, hablamos de ictericia fisiológica cuando un bebé sano y no prematuro, de dos o tres días de vida, se pone algo amarillo. Cuando la cantidad de bilirrubina es muy alta, aunque no suele ser un problema serio, hablamos de ictericia patológica.

Cuándo la ictericia es importante

El médico tratará de descubrir las causas de esta ictericia.

Una causa frecuente de aumento de la bilirrubina es la incompatibilidad del grupo sanguíneo de la madre con el del bebé. También las infecciones, los sangrados, la lactancia materna, etcétera, pueden aumentar la ictericia.

Dado que los recién nacidos suelen irse pronto del hospital (sobre las 48 horas de vida), la ictericia puede aparecer cuando el bebé está ya en casa. Si notas a tu hijo amarillo, debes consultar ese mismo día con el pediatra o acudir al servicio de urgencias, porque puede sea necesario su ingreso para ponerlo bajo una lámpara de fototerapia, el tratamiento que en ocasiones se aplica al bebé: se coloca desnudo, excepto por un vendaje a modo de gafas para que la luz no le moleste ni le produzca ningún daño en los ojos (véase la fotografía de la página anterior), bajo la luz de una lámpara especial (lámpara de fototerapia) que elimina la bilirrubina.

ATENCIÓN

El color amarillento característico de la ictericia se debe a la presencia de bilirrubina, que en niveles altos puede precisar tratamiento (fototerapia).

28

Angiomas y manchas en la piel

Los angiomas son manchas rojas en la piel. Pueden estar presentes al nacimiento (malformaciones vasculares) o aparecer más tarde. Existen varios tipos:

Mancha salmón, marcas de la cigüeña, beso del ángel: los recién nacidos frecuentemente presentan pequeñas manchas de color salmón en los párpados, en la frente (beso del ángel), en la nariz, los labios, el entrecejo y la nuca (marca de la cigüeña). Popularmente se las asociaba a antojos no satisfechos. En realidad son pequeños angiomas planos y suelen desaparecer en unos meses sin crear mayor problema. Aunque las manchas salmón de la nuca no suelen desaparecer, al quedar tapadas por el pelo, no se ven.

Angiomas planos o malformaciones vasculares: también aparecen desde el nacimiento, pero son más extensas. No sue-

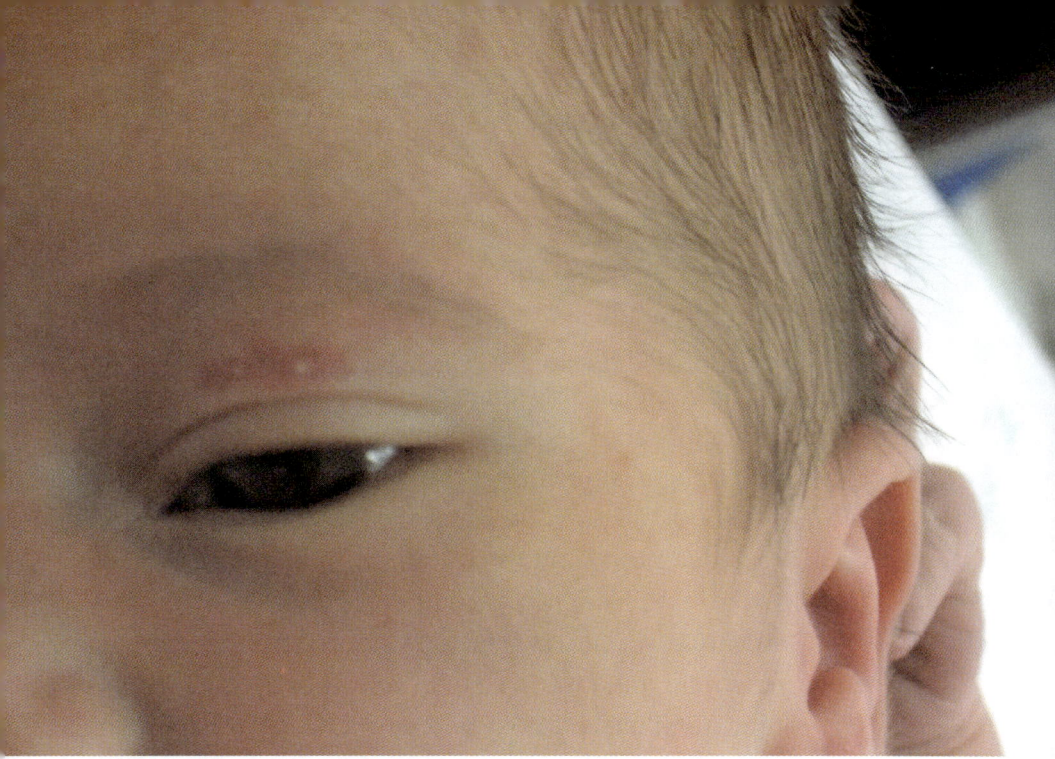

len crecer, pero tampoco van a desaparecer con el paso del tiempo y se debe realizar un seguimiento en la consulta. Pueden precisar tratamiento con láser, fármacos o de otro tipo.

Angiomas en fresa: son angiomas elevados, abultados, y su nombre se debe al parecido con esta fruta. Pueden estar presentes al nacer, pero lo habitual es que aparezcan unas semanas más tarde (sobre la segunda o la tercera semana de vida). Se desarrollan en cualquier zona de la piel, pero son más frecuentes en la cara, la cabeza y los miembros superiores, y se dan con más frecuencia en las niñas. Si son pequeños y solitarios no suelen dar problemas (salvo el estético). Rara vez se ulceran o sangran. Ocasionalmente pueden estar situados en zonas que compriman estructuras importantes como la zona ocular, las vías respiratorias, etcétera.

La evolución normal de los angiomas de fresa es que, después de un crecimiento inicial, vayan desapareciendo muy lentamente. Sobre los dos años, casi todos han desaparecido, o al menos han empezado la regresión por la zona central. Por ello, la actitud de «esperar y ver» ha sido la norma con este tipo de angiomas no complicados y que no compriman estructuras. En los casos complicados se realiza un tratamiento con corticoides, láser o cirugía. Sin embargo, las cosas han cambiado en los últimos años, debido a la buena evolución que experimentan estos hemangiomas cuando se tratan con propanolol oral (un fármaco que se usa para la hipertensión arterial, entre otras cosas). Y muchos especialistas aconsejan este tratamiento, no sólo en grandes hemangiomas o cuando su localización es problemática, sino también en casos no complicados, pero localizados en zonas donde causan un problema estético.

De todas formas, hay que tener cautela y valorar siempre la relación entre el beneficio y el riesgo, ya que la evolución natural de los angiomas es la de disminuir y desaparecer.

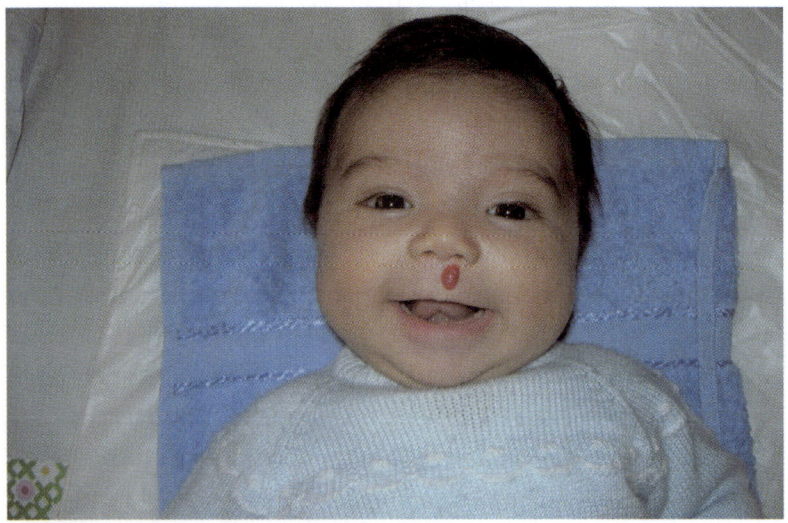

Angioma en fresa.

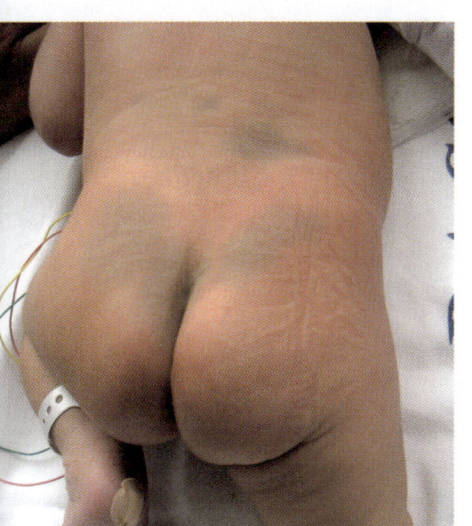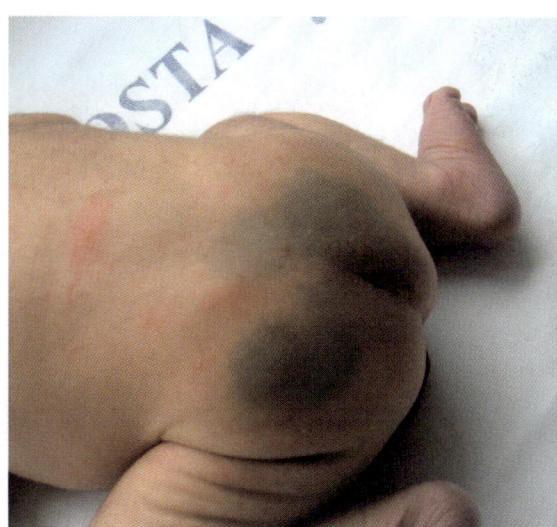

Mancha pizarra o mancha mongólica: es una mancha de color azulado o grisáceo en la piel. Habitualmente se localiza en la zona lumbar baja o en las nalgas, aunque puede estar en otras zonas. Es más frecuente en los niños de piel oscura. No tiene ninguna importancia y desaparece en unos meses.

No tiene ninguna relación con el síndrome de Down. Se llama mongólica por los habitantes de Mongolia, quienes presentan estas manchas con frecuencia.

Eritema tóxico alérgico del recién nacido: se trata de unas manchitas en la piel que aparecen entre las veinticuatro horas y los tres días de vida. En ocasiones parecen granitos o picaduras, y si se estira la piel queda un nodulito amarillento. Su nombre se debe a la creencia de que era causado por una especie de alergia o irritación, provocada por las secreciones del canal del parto. Pero esto no es correcto, ya que aparecen también en niños nacidos por cesárea. Aunque la causa concreta se descono-

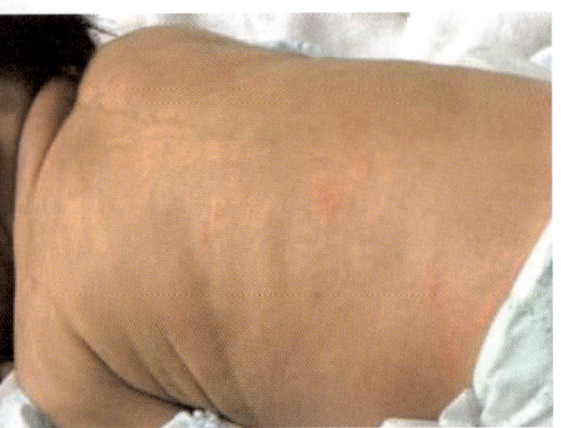

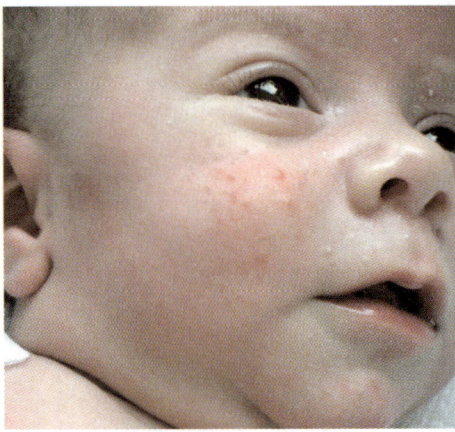

Eritema tóxico alérgico del recién nacido.

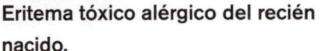

Acné neonatal.

ce, se sabe que no tiene ninguna importancia y desaparece en unos días.

Acné neonatal: en realidad se trata de una variante del acné vulgar, que aparece en los recién nacidos o durante el primer mes de vida. No es una afección rara y no precisa tratamiento, basta con evitar el roce con ropa áspera y aplicar una cremita hidratante. Es más frecuente en los niños.

29

Cefalohematoma o hematoma de la cabeza

Es una hemorragia debajo del periostio de un hueso de la cabeza. El sangrado es, por lo tanto, por fuera del cráneo, entre el hueso y el cuero cabelludo. Es muy frecuente y suele notarse a los dos o tres días de vida. Aparece sobre todo en un lateral de la cabeza (hueso parietal) y se palpa como un chichón blandito con líquido en su interior (sangre). Es más frecuente en partos difíciles, con ventosa, etcétera. No tienen importancia, y esa sangre se irá reabsorbiendo en unas semanas, con lo que desaparece el bulto. Como cualquier otro sangrado, puede contribuir a que el bebé se ponga amarillo (ictericia).

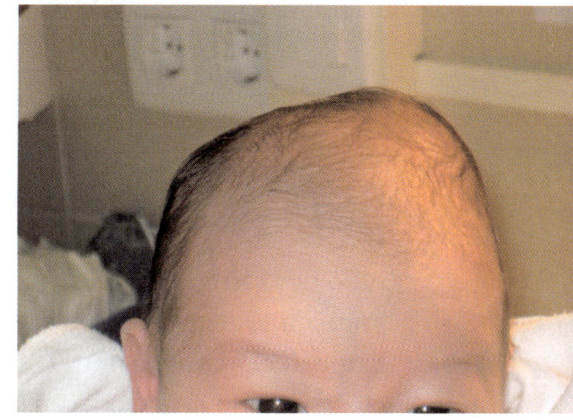

30

Manchas rojas en los ojos. Frenillo de la lengua y de los labios

Manchas rojas en los ojos

En los primeros días de vida es muy frecuente observar unas manchitas rojas en la conjuntiva de los ojos (el blanco del ojo) de los recién nacidos. Se deben a pequeñas hemorragias debajo de la conjuntiva que se producen por la compresión que el bebé sufre durante el paso por el canal del parto. No tienen importancia y se irán reabsorbiendo hasta desaparecer en una o dos semanas.

Frenillo lingual

El frenillo de la lengua es el ligamento que une la parte inferior de ésta al suelo de la boca. Algunos niños nacen con el frenillo de la lengua algo corto. No es raro que uno de los padres también lo tenga. Generalmente, no crea problemas. Sin embargo, si el frenillo es muy corto y la punta de lengua queda anclada al suelo de la boca, puede causarle dificultades para mamar. Es excepcional que sea necesario seccionarlo en el período neonatal. Pero cuando sea más mayorcito puede precisar reparación, si presenta problemas para pronunciar sílabas palatales o dificultades en las relaciones sociales debido a no poder realizar acciones básicas como sacar la lengua para comer un helado, jugar, etcétera.

Frenillo en el labio superior

Entre la encía y el labio superior existe un ligamento central (frenillo) que habitualmente ni se nota. Pero si está muy engrosado, puede provocar que los dientes incisivos superiores salgan separados, dejando un hueco entre ambos (diastema). En ocasiones, el dentista tiene que hacerle una pequeña incisión. Llegado el momento se verá cuál es la mejor solución.

31

Fractura de la clavícula

Es muy frecuente. Se produce durante el nacimiento, debido a la dificultad de pasar por un sitio tan estrecho como es el canal de parto.

El diagnóstico suele ser fácil: el niño llora de dolor, mueve peor ese bracito y quizá se note un bulto o un chasquido al palparle sobre la clavícula. Generalmente, no es necesario hacer una radiografía para comprobar si hay una fractura de clavícula. Además, no tiene ninguna importancia y no hay que poner ningún vendaje ni yeso. Se cura sola sin problemas. Puede parecerte preocupante, pero debes saber que no suele tener importancia.

A veces, se trata sólo de una fisurita y puede pasar desapercibida durante los primeros reconocimientos. Pasadas una o dos semanas, se palpa o se puede ver el bulto en la clavícula: es el callo de la fractura. Tampoco suele tener importancia y lo único que te recomendarán es que manejes con cuidado al bebé al vestirlo, bañarlo, etcétera.

Acuéstalo boca arriba, como todos los lactantes sanos.

32

Hipertrofia mamaria, mamas hinchadas y mastitis

No es raro que las mamas de muchos recién nacidos estén hinchadas: se trata de la hipertrofia mamaria neonatal, cuyo origen es la presencia de las hormonas femeninas (estrógenos) de la madre. Suele ser bilateral, es decir, ambas mamas están hinchadas, aunque una puede estarlo más que la otra. No le aprietes nunca las mamas, aunque a veces le salga un líquido blanquecino, denominado «leche de bruja». Aunque es más frecuente en las niñas, también puede darse en los niños. Es un fenómeno pasajero y suele desaparecer a los pocos días de vida.

Como ya hemos dicho, nunca comprimas las mamas para tratar de extraerle la «leche de bruja», porque puede que la hipertrofia se complique con una infección, una verdadera mastitis.

Si el asunto se complica con una infección, la mama se pone más hinchada y la piel toma un color rojo brillante. La mama afectada suele estar dolorida (generalmente se infecta una sola

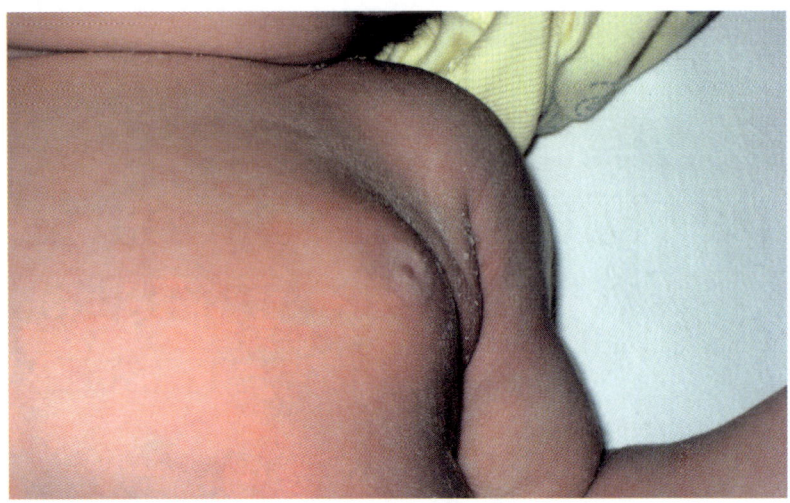

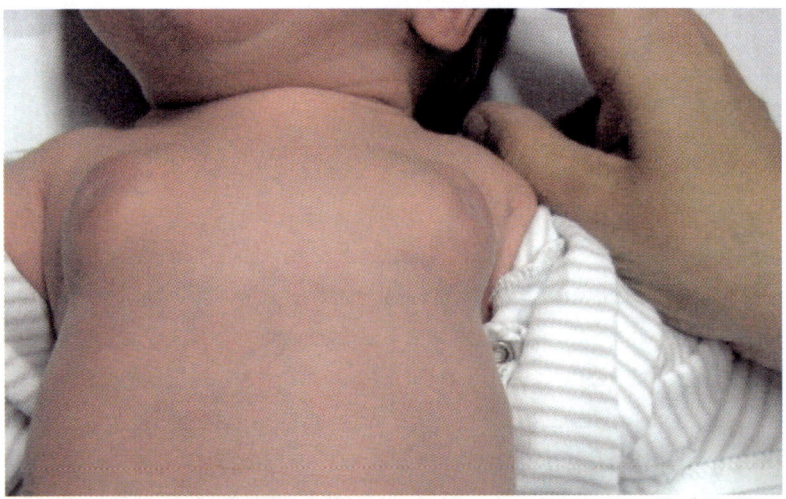

mama). Si notas que tu bebé tiene una mama roja e inflamada, puede que esté empezando con una mastitis. La mastitis es la inflamación de las mamas, y a esta edad tiene importancia y suele ser necesario el ingreso hospitalario para realizar tratamiento con antibióticos. Debes llevarle al médico.

33
Soplos

Los soplos cardíacos son un sutil ruido, como un soplido, que produce la sangre al pasar por el corazón, y se puede oír, en ocasiones, cuando se ausculta a un bebé. Hasta un 40 % de los bebés pueden tener un pequeño soplo en un determinado momento. La mayoría de los soplos cardíacos en niños, sobre todo los soplos pequeños, no tienen importancia y no indican ningún problema del corazón. Son los llamados soplos inocentes o funcionales. A veces se deben a anemias, fiebre, etcétera. Aun así, si a un recién nacido se le ausculta un soplo de este tipo, se le suele seguir en la consulta para ver la evolución. A muchos, los puede controlar su pediatra en el centro de salud.

Los soplos patológicos tienen otras características: son soplos grandes, fuertes. En estos casos está indicado hacer pruebas y estudiar al bebé.

Algunos soplos cardíacos no están presentes en los primeros días de vida y aparecen más tarde, generalmente durante el primer mes. En este caso se lo detectarán en los controles que le realice su pediatra en el centro de salud.

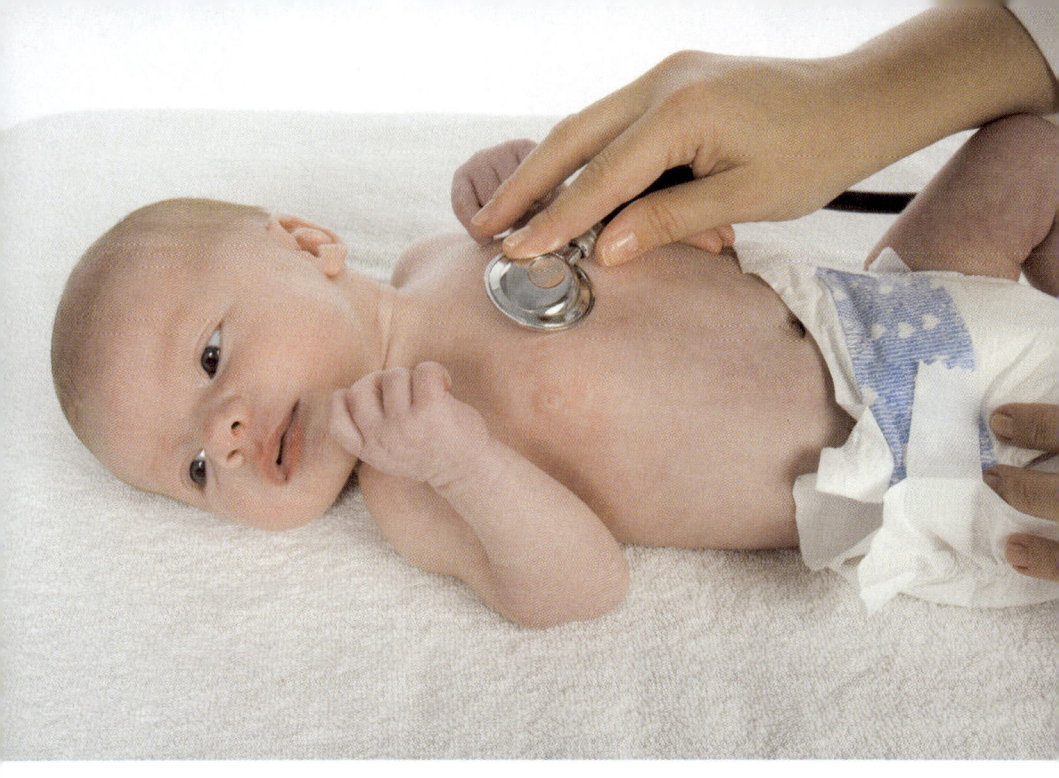

La mayoría de los soplos cardíacos
en niños, sobre todo los pequeños,
no tienen importancia y no
indican ningún problema del
corazón.

34

Dilatación de los riñones

Desde que se realizan ecografías rutinarias durante el embarazo, no es raro que el ginecólogo aprecie la dilatación de la pelvis de un riñón (o de ambos) en un bebé. Es un problema muy frecuente, y está muy estudiado y muy protocolizado.

La pelvis es la zona del riñón donde se recoge la orina ya formada, que, a través de un conducto (uréter), circulará hasta la vejiga (véase el dibujo de la página siguiente). Puede medirse con mucha precisión mediante la ecografía. Así, las pelvis renales de un recién nacido a término son normales hasta los 7 mm. Si son más grandes, y dependiendo de esa medida, se habla de dilataciones leves, moderadas y graves. Las dilataciones menores de 10 mm son pequeñas y tienen poca trascendencia.

En el caso de que, durante el embarazo, el ginecólogo detecte que tu bebé tiene una pelvis renal algo dilatada, informará a los pediatras. Y a los pocos días de vida se le hará una ecografía renal, pues cuando el niño ya ha nacido ésta es más fiable que cuando todavía está dentro del útero.

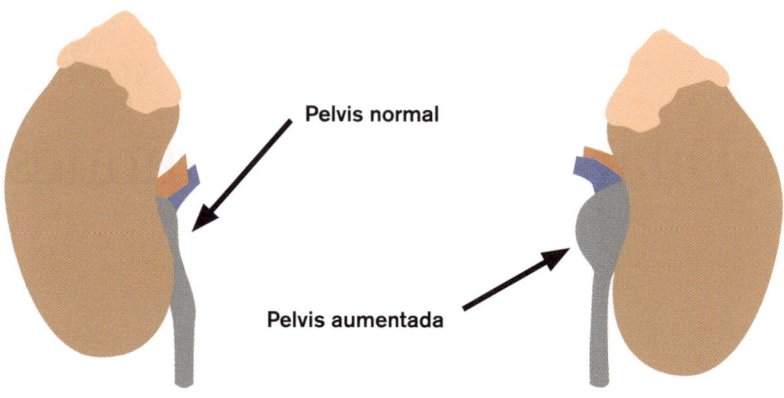

Pelvis normal

Pelvis aumentada

Aunque en la gran mayoría de los casos son dilataciones leves y sin ninguna repercusión, se le hace un seguimiento en la consulta. En los casos más importantes se realiza un estudio para descartar una obstrucción, un reflujo, etcétera.

En los casos de las grandes dilataciones puede existir una obstrucción que precise intervención quirúrgica. Pero las dilataciones muy grandes son muy poco frecuentes.

35
Caderas

Explorar con detenimiento las caderas de un bebé es fundamental. El niño puede tener una cadera luxada (fuera de sitio), una cadera inestable u otras alteraciones, que si se diagnostican durante los primeros días de vida, son fáciles de corregir. Cuando se detectan más tarde, la solución es más complicada.

La articulación de la cadera consta de una bola redonda (cabeza del fémur) y de la cavidad donde ésta se aloja (acetábulo).

Luxación de cadera

Si esta cavidad, o acetábulo, es poco profunda, la cabeza del fémur puede salirse de su sitio. A esto se le llama luxación. Si la cadera permanece luxada, a la larga formará una falsa articulación que ocasionará una cojera importante y permanente. Es un problema mucho más frecuente en las niñas, sobre todo cuando se presentan de nalgas o si existen antecedentes familiares de luxación de cadera.

Aunque lo habitual es diagnosticar la luxación de cadera durante la primera exploración del bebé en el hospital, puede ocurrir que al nacer no se le note y se le descubra más tarde. En estos raros casos, suele tratarse de caderas displásicas, con el acetábulo muy poco pronunciado y que son luxables. Es decir, la cabeza del fémur se sale de su agujero, que es poco profundo.

Por eso es tan importante hacer los controles de salud en atención primaria. Durante los primeros meses de vida el pediatra revisará las caderas del bebé en todos los controles. Como ya se ha comentado, aunque es raro, el hecho de que la exploración al nacimiento fuese normal, no garantiza que la cadera no pueda luxarse más tarde. En los casos dudosos y en los de riesgo, la ecografía de caderas (realizada a los tres meses de edad) es de gran ayuda. Si aún así persistiesen las dudas, lo que es raro, estará indicada la radiografía de caderas (sobre los cinco meses).

El tratamiento, si la luxación se diagnostica al nacer, consiste en colocar un arnés para que el bebé esté con las piernas abiertas y la cabeza del fémur no se salga de su cavidad (acetábulo).

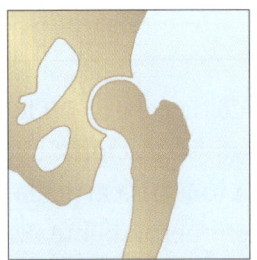
Cadera normal.

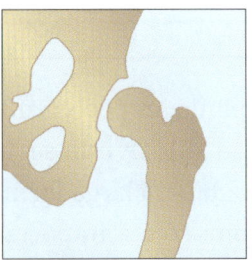
Hipoplasia.

Cadera luxada.

Clic de caderas

Es un chasquido (clic) que se puede apreciar al separarle las piernas a un recién nacido. No tiene ninguna importancia. Se realiza un seguimiento en la consulta del pediatra como a otro niño cualquiera.

Caderas laxas

Se llaman así cuando las caderas están blandas. Se debe a que los músculos de esa zona están flácidos, blandengues. Son frecuentes en los niños prematuros, hipotónicos, etcétera. Tienen mayor riesgo de luxarse. Sólo precisan vigilancia.

36

Genitales del recién nacido

Niñas

Los genitales del feto responden a las hormonas maternas que le llegan a través de la placenta. Esto condiciona que los genitales femeninos de las niñas recién nacidas (y las mamas en ambos sexos) sean algo prominentes. Y también se da la presencia de un flujo vaginal blanquecino, bastante abundante, que no tiene importancia. El himen debe estar perforado para permitir la salida de flujo vaginal.

En las niñas, el cese de las hormonas maternas puede producir un pequeño sangrado vaginal (como una pequeña regla) a los pocos días de vida. Tampoco tiene mayor importancia.

Niños

El escroto o bolsa escrotal (que contiene los testículos) del recién nacido es relativamente grande, a veces debido a que contiene líquido (hidrocele). El hidrocele es bastante frecuente en el recién nacido. Si la bolsa escrotal no está tensionada, no hay que hacer nada, sólo los controles regulares del pediatra, ya que suele ser transitorio. En alguna rara ocasión se asocia a una hernia o ésta puede aparecer más tarde.

Los testículos de los recién nacidos a término ya han bajado a la bolsa y se pueden palpar sin problema. En bebés prematuros es frecuente que los testículos todavía no hayan descendido a la bolsa. En el caso de que un testículo no se palpe en la bolsa escrotal (abajo) se habla de criptorquidia. Lo más probable es que el testículo todavía no haya bajado y seguramente se palpe en el conducto inguinal. Pero si no se puede palpar un testículo, puede deberse o a que está muy alto en el conducto (incluso en el abdomen) o a que realmente no exista. Una ecografía ayudará a determinarlo. En el caso de que se halle en el conducto, seguramente bajará solo. Hay que esperar. Si al año de edad no ha descendido, está indicada la intervención quirúrgica.

Prácticamente todos los niños recién nacidos tienen fimosis. Es normal hasta los tres años de edad. Si persiste a partir de los tres años, el pediatra le recetará una crema con corticoides durante unas semanas. Y si con esto no se soluciona la fimosis, habrá que pensar en el tratamiento quirúrgico.

En ocasiones no existe meato urinario (orificio por donde sale la orina) en la punta del pene, y la orina sale por una fístula en la parte inferior, habitualmente cerca de la punta. Esta malformación se denomina hipospadias. Los casos leves son relativamente frecuentes y fáciles de reparar. Habitualmente se operan sobre los tres años de edad.

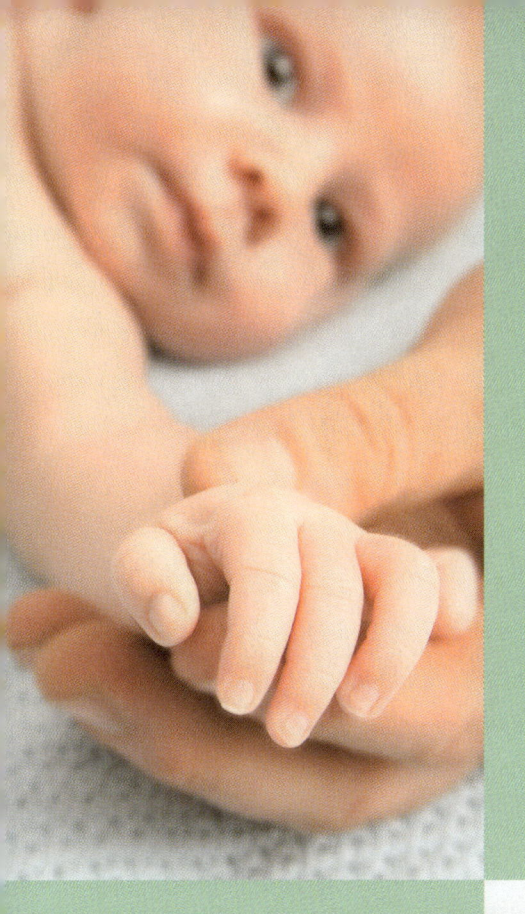

Parte 3

Otros problemas
en casa

37

Cólico del lactante

Como ya hemos comentado, el llanto es la única forma que tienen los recién nacidos para comunicarse. Y por ello, las causas del llanto pueden ser muchas: hambre, dolor, frío, calor, reflujo, aburrimiento, ganas de regazo, pañal manchado, etcétera.

El llanto excesivo es un motivo habitual de consulta con el pediatra. Para averiguar la causa, el pediatra te hará preguntas, y luego observará y explorará al niño. Se fijará en el tipo de llanto y en cómo responde: ¿se consuela con facilidad?, ¿tiene hambre?, ¿parece que tiene dolor?, etcétera.

Y hay que tener presente el cólico del lactante. Aparte del hambre, el sueño o la incomodidad, es la causa más frecuente del llanto en los bebés de pocos meses.

Características

- Llanto inconsolable durante unas tres horas al día, varios días a la semana y durante varias semanas.

- Habitualmente, los cólicos son por las tardes y después de hacer la toma.

- El bebé encoge y estira las piernas, y cierra los puños.

- El llanto se acompaña de enrojecimiento de la cara. A veces, el bebé tiene la tripita algo hinchada y expulsa gases.

- No suelen aparecer al nacimiento, sino sobre la segunda semana de vida.

Causas

Aunque las causas del cólico del lactante se desconocen, existen varias teorías:

- **Alergia a las proteínas de la leche de vaca** (las leches adaptadas para bebés se elaboran a partir de la leche de vaca). No está demostrado, y los cólicos también se dan en los niños que toman el pecho, aunque en algún caso sí que podría ser la causa. En casos excepcionales, las proteínas de la leche de vaca ingeridas por la madre pueden pasar a la leche materna y causar cólicos en el bebé.
- **Gases en la tripita.** No es la causa primaria, sin embargo, al llorar tragan aire y empeoran. Cuando expulsan los gases, mejoran, al menos durante un rato.
- **La ansiedad, el estrés familiar, etcétera.** Aunque no es la causa del cólico, lo empeoran. Ya se ha dicho que la tranquilidad, los movimientos suaves y el tono amigable tranquilizan al bebé.

Actitud ante el cólico del lactante

1. Lo primero es asegurarte de que el bebé no llora por otro motivo. Aunque ya esté diagnosticado de cólico, en un momento dado puede llorar por otra causa: frío, calor, hambre, pañal sucio, dolor, otitis, etcétera.
2. Comprueba las pautas de alimentación:

Lactancia materna:
- Piensa en si tomas algún excitante (fármacos, café, bebidas de cola, etcétera) que puedan pasar a la leche y luego al niño.
- Comprueba que agarre bien el pecho.
- No suspendas la lactancia materna por cólicos del bebé.

Biberón

- Evita que trague mucho aire: usa tetinas anticólico y coloca el biberón semivertical en todo momento, para que la tetina siempre esté llena de leche. Rara vez está indicado cambiar a una leche especial para alérgicos.

3. Lo más importante es que te relajes y tranquilices al niño. Recuerda que ¡la ansiedad es contagiosa!
4. No existe ningún fármaco eficaz, seguro y con efecto duradero para el cólico del lactante. Pero puede que la crisis mejore si:

- Lo meces. Le gusta que lo cojan boca abajo, con una mano en abdomen y meciéndolo en vaivén.
- Le haces masajes suaves en el abdomen.
- Lo paseas en su sillita, sobre todo por una calle o un paseo empedrado.
- Oye ciertos sonidos monótonos. Un secador de pelo encendido o la aspiradora pueden calmarlo, aunque sea temporalmente.
- Le das un paseo en automóvil. Suele ser infalible.
- ¿Y las gotas para los gases o las infusiones? En ocasiones funcionan, pero no hay que esperar milagros. Las gotas te las debe recetar el pediatra:
  - BLEVIT DIGEST®: infusiones.
  - REUTERI®: gotas: (5 gotas/día).

ATENCIÓN
Con infusiones de anís estrellado se han producido intoxicaciones importantes. ¡No se las des nunca!

5. Crea un ambiente relajado. Los niños con cólicos mejoran cuando el ambiente en el hogar es tranquilo y relajado. Evita la estimulación excesiva: luz, ruido, música alta o estridente.
6. Evita la excesiva estimulación afectiva: los meneos, hablarle muy alto, etcétera.
7. Acepta el llanto. Recuerda que los cólicos son muy frecuentes, pero son benignos y transitorios, de manera que sobre los tres o cuatro meses habrán desaparecido o mejorado mucho. El tiempo corre a tu favor.
8. ¡Nunca le sacudas! Los cólicos son desesperantes para el bebé y para ti. Pero no debes perder los nervios, y nunca debes zarandear al bebé, porque es muy peligroso; podrías causarle hasta una hemorragia cerebral.
9. Pide ayuda. No eres *superwoman* y no puedes con todo. En la vida diaria todos tenemos días en los que nos sentimos superados.

Es normal que el cólico te supere. No es difícil ponerse en tu piel: convaleciente del parto o de una cesárea, quizá con otro niño pequeño que reclama tu atención (y que también lo pasa mal por los celos) y con un bebé que te pide cuidados y comida cada dos o tres horas, día y noche. Si además el bebé padece cólicos y se pasa las tardes llorando a grito pelado, no hay forma de que puedas descansar y desconectar.

Si estás en esta situación, es el momento de pedir ayuda. Lo ideal sería que la ayuda venga sin necesidad de pedirla. Porque dentro de unas semanas todo será distinto y mejor, y te las arreglarás perfectamente.

¿Y quién te va ayudar? Pues los de siempre. En primer lugar, los abuelos, la familia y también los amigos. La ayuda del padre ya se presupone.

La ayuda de los abuelos es fundamental en nuestra sociedad actual, en la que habitualmente ambos padres trabajan fuera de casa. Acéptala si te la ofrecen. Y recuerda que dentro de unos meses todo será más fácil.

Si se quedan un rato cuidando al bebé y puedes tomarte unas horas de descanso, te irá muy bien. Luego estarás más tranquila y con más paciencia para afrontar los problemas.

RECUERDA
Acepta la ayuda de los abuelos si te la ofrecen.

38

Reflujo gastroesofágico

Es la situación en la que el contenido del estómago vuelve hacia atrás, hacia el esófago, pudiendo llegar a la boca y produciendo regurgitaciones.

Reflujo fisiológico normal (regurgitaciones)

Los niños con reflujo están echando frecuentemente pequeñas cantidades de leche por la boca (regurgitan). Las regurgitaciones parecen pequeños vómitos, pero sin náuseas ni ruido, como ocurre con los vómitos verdaderos. Pueden echar la leche o secreciones ácidas del estómago. Ocurre sobre todo al moverlos, al levantarle el culito para cambiarle el pañal, al eructar. «Echa lo que le sobra», decían las abuelas.

Si el bebé es muy pequeño, puede tener regurgitaciones en casi todas las tomas. Este reflujo, si no es muy abundante, es normal. El esfínter que impide que el contenido gástrico vuelva

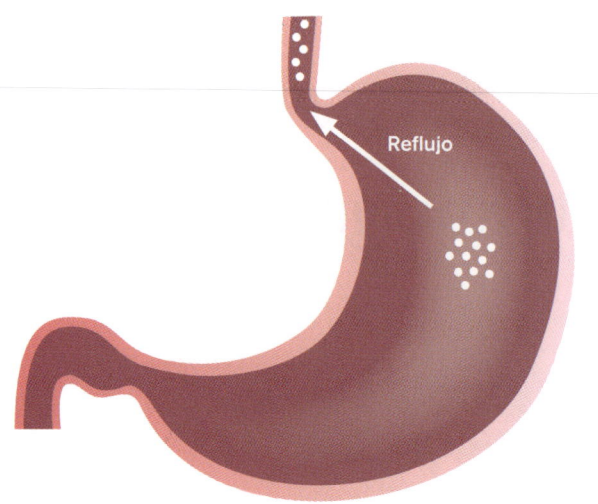

hacia atrás, hacia el esófago, puede estar inmaduro en los recién nacidos.

El reflujo fisiológico no interfiere en el buen aumento de peso y no le produce molestias. El tratamiento consiste en medidas posturales:

- Déjale eructar después de las tomas.
- No lo acuestes inmediatamente después de la toma.
- Dale tomas más pequeñas y más frecuentes.
- Eleva ligeramente la cabecera de la cuna para que el niño esté algo incorporado (unos 30° sobre la horizontal). No debes poner una almohada, ni elevar el colchón con toallas. Pon unos libros o algo semejante bajo las patas delanteras de la cuna para inclinarla (véase el dibujo de la página siguiente).
- A veces se indican leches antirreflujo, que llevan un espesante como la harina de semillas de algarrobo u otros.

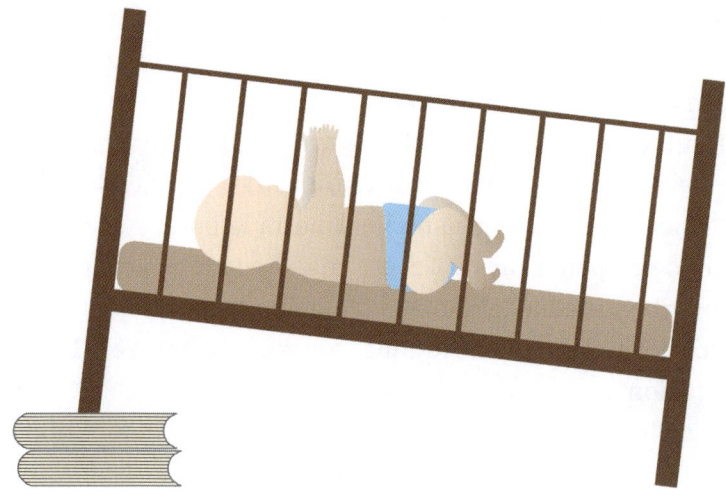

El reflujo fisiológico suele desaparecer en cuanto el bebé empieza a tomar alimentos más sólidos (papillas).

Reflujo patológico

Se trata de un reflujo que, por su intensidad o por sus complicaciones, ya no puede considerarse normal. Cuando un reflujo es muy importante puede producir complicaciones:

- Mal aumento de peso.
- Esofagitis. Si el reflujo es importante y continuado en el tiempo, el paso del contenido ácido del estómago hacia atrás, hacia la boca, puede producir quemaduras en el esófago. El niño, aparentemente sano, empieza la toma con apetito, pero al poco rato suelta el biberón o el pecho y llora. Como si le doliera al tragar, que es justamente lo que sucede. Si intentas

darle de nuevo el biberón, extiende el cuello, levanta el mentón y rechaza la toma. El llanto en la segunda mitad del biberón es muy típico de reflujo.

- También es típico que llore y se arquee extendiendo el cuello y llevando la cabeza hacia atrás durante o después de la toma.
- En ocasiones, el reflujo no llega hasta la boca, y por lo tanto no lo ves, pero el ácido del estómago puede alcanzar la parte inferior y media del esófago. Y ese ir y venir en la parte inferior del esófago puede lesionar esa zona sin que veas la regurgitación.
- El reflujo también puede producir síntomas respiratorios, como bronquiolitis de repetición o tos crónica.
- Incluso puede causar síntomas neurológicos, semejantes a convulsiones (síndrome de Sandiffer).

Tratamiento

Además de las medidas posturales ya comentadas anteriormente, si el reflujo es importante, se indica medicación: antiácidos (omeprazol, ranitidina) y algún fármaco que favorezca el vaciamiento gástrico, como la domperidona (Motilium®). El tratamiento siempre debe ser indicado por el pediatra.

¿Cómo saber si un reflujo es normal o patológico?

Eso lo tiene que determinar el pediatra. Los médicos se guían por la clínica: ganancia adecuada de peso, frecuencia e intensidad de las regurgitaciones, llanto sugestivo de esofagitis, etcétera. Aunque, en ocasiones, se precisa realizar alguna prueba como la ecografía, la pH-metría, la radiografía con bario, etcétera.

39

Los vómitos

Son diferentes de las regurgitaciones. El contenido expulsado es más abundante y el niño tiene náuseas, y hace ruido y esfuerzo para vomitar. Las causas pueden ser muchas. Pero a diferencia de las regurgitaciones, los vómitos no son normales y debe valorarlos el médico.

Un vómito aislado no suele tener importancia: puede que haya tomado mucho, o que no eructara bien. Pero si los vómitos son continuos o muy frecuentes, requieren valoración. Pueden deberse a múltiples causas: inicio de una gastroenteritis, una infección urinaria, una intolerancia alimentaria, etcétera.

Si los vómitos son continuos, aparecen ya desde las primeras tomas y contienen bilis, hay que descartar un problema obstructivo.

Vómitos con sangre

No es un problema raro. Si tu niño vomita con sangre, no olvides llevar la ropa manchada para que el médico pueda verla. Si el bebé parece sano y toma lactancia materna, hay que descartar que tengas grietas o fisuras en los pezones, porque en este caso el niño, al mamar, absorbería sangre de tu pecho. Puedes extraerte la leche con un quitaleches y observar si contiene sangre (véase la fotografía de la página siguiente).

RECUERDA
Un vómito aislado no suele tener importancia, pero si los vómitos son continuos o muy frecuentes requieren valoración.

¡Atención! Debes acudir de forma urgente al médico si:

- Los vómitos se acompañan de fiebre y manchas en la piel. Sería una verdadera urgencia.
- Son continuos o muy frecuentes.
- Contienen sangre (roja o negra como posos de café).
- Contienen bilis (verdosos).
- Se acompañan de deposiciones con sangre.
- El niño presenta afectación del estado general.

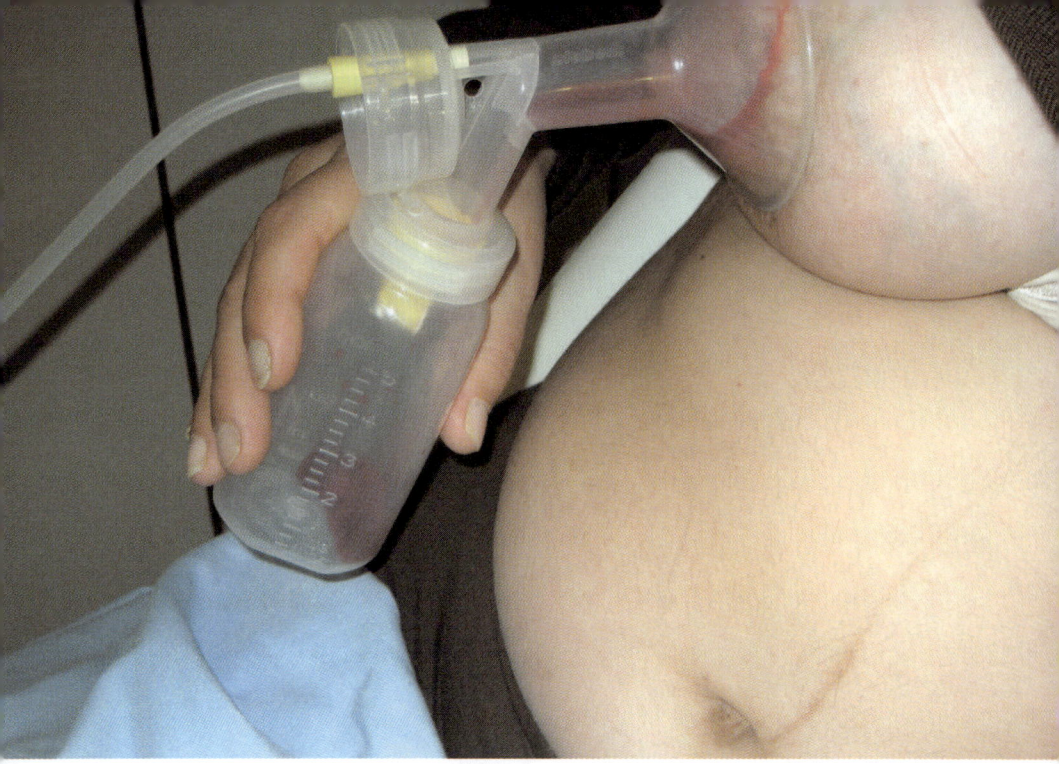

En ocasiones, el bebé ha tragado previamente esa sangre procedente de las vías altas (nariz, boca, faringe). Pero también puede deberse a sangrados en otros puntos del aparato digestivo, trastornos en la coagulación, etcétera.

En cualquier caso, si tu bebé presenta vómitos con sangre, aunque parezca que está bien, debes acudir al pediatra o al servicio de urgencias.

Estenosis de píloro

Un niño sano que sobre las tres semanas de vida inicia un cuadro de vómitos persistentes, sin bilis, abundantes (a veces parece que vomita más de lo que ha comido) y que a continuación está hambriento, sin fiebre ni diarrea, puede que esté iniciando una estenosis de píloro. Sobre todo si se trata de un varón primogénito.

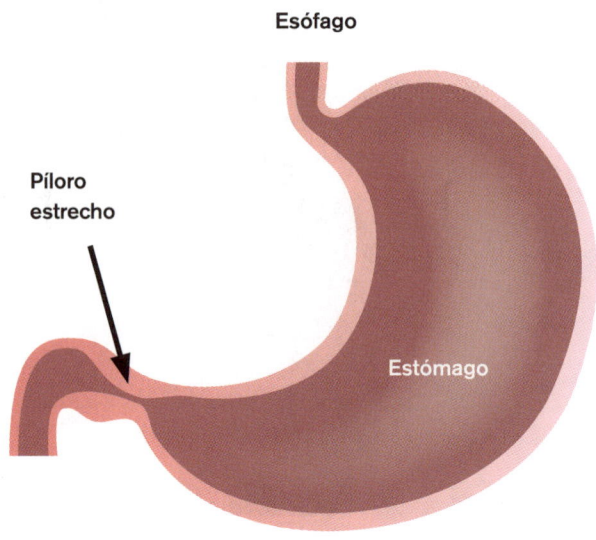

La estenosis de píloro es un estrechamiento de la salida del estómago (píloro) que no deja pasar los alimentos hacia el intestino delgado (véase el dibujo). Al nacer, el píloro es normal, pero sobre las tres semanas de vida es cuando se va estrechando. Por supuesto que los niños de esta edad también pueden vomitar por otras causas. Consulta con tu pediatra.

40

Hongos en la boca (muguet)

La infección de la boca por hongos es un problema muy frecuente en los lactantes pequeños y puede presentarse ya a los pocos días de vida.

El «muguet», como se le llama, consiste en exudados blanquecinos en la lengua, en las encías y en las mucosas de la boca. A veces se confunden con restos de leche (véase la fotografía de la página siguiente), pero al limpiarlos con una gasita verás que están muy pegados a la mucosa y no salen. Si el muguet es importante, puede que le produzca dolor o molestias al comer.

El tratamiento es sencillo, a base de un jarabe o un gel para hongos, que te recetará el médico.

Si el niño toma lactancia materna, debes limpiarte también las mamas con el mismo jarabe o gel. Y debes esterilizar o cambiar las tetinas y los chupetes.

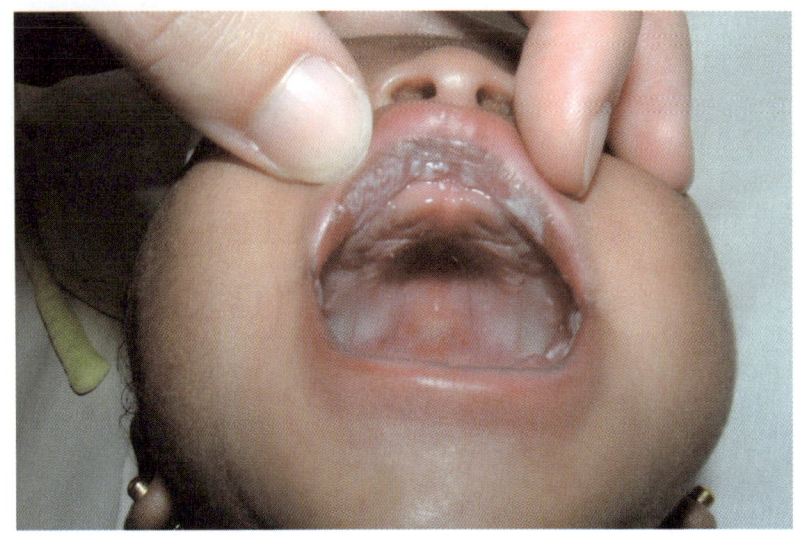

RECUERDA

La infección de la boca por hongos
es un problema muy frecuente
en los lactantes, que puede
presentarse ya a los pocos días
de vida.

41

Eritema del pañal

También es un problema muy frecuente. En ocasiones, la zona perianal y genital (zona del pañal) se irrita, e incluso a veces, se pone como «en carne viva». La causa puede ser una diarrea con intolerancia a la lactosa, el azúcar de la leche (véase el capítulo 42), pero también puede presentarse en niños sin diarrea ni otro problema aparente. En todo caso, las lesiones de una zona húmeda, como es el área del pañal, pueden sobreinfectarse con hongos. Debes cambiar sin demora el pañal cuando está sucio y cuidar mucho la higiene de esa zona. A veces la irritación mejora cambiando de marca de pañal, aunque también puede precisar tratamiento de la zona enrojecida con pomada de un corticoide de baja potencia y un antimicótico para los hongos. Las pomadas con corticoides no se aplican de forma espesa. Al contrario, siempre debes aplicarle una capa fina (como ahorrando la pomada). En cualquier caso, consulta con el pediatra.

42

Diarrea, gastroenteritis e intolerancia a la leche

La diarrea consiste en el aumento de la frecuencia de las deposiciones, acompañado de cambios en su consistencia (se vuelven líquidas). El color varía desde amarillo-marrón normal, hasta verdoso, como puré de guisantes. En ocasiones las heces pueden contener moco o sangre, generalmente «hilitos» de sangre, lo que sugiere colitis. El pediatra tendrá que valorarlo.

Ya se ha comentado que los niños que toman pecho hacen las deposiciones más sueltas (grumosas) y de color amarillo oro. Esto no debe confundirse con una diarrea.

La causa más frecuente de la diarrea es la gastroenteritis aguda (la inflamación de la tripita), cuyos síntomas son: fiebre, vómitos, diarrea y dolor abdominal. No todos los bebés presentan siempre todos estos síntomas, y a veces no tienen fiebre, o no vomitan, etcétera.

Entre los microbios que producen gastroenteritis, el más

famoso por mérito propio es un virus: el rotavirus. Es famoso porque causa el 80 % de las diarreas de los bebés. Además, es muy resistente en el ambiente, lo que le hace ser muy contagioso.

El mayor problema de una gastroenteritis en lactantes es la pérdida de líquidos por las heces. Y si además vomitan, no pueden recuperar esos líquidos perdidos y corren el riesgo de deshidratarse. Y, lógicamente, cuanto más pequeño es el bebé, mayor es el riesgo de que se deshidrate.

¿Cómo saber si un niño está bien hidratado?

Aunque debe ser valorado por el médico, fíjate en lo siguiente:

- Las mucosas de la boca: la lengua y la boca deben estar húmedas y no secas.
- Las micciones: deben ser abundantes y frecuentes, como siempre.
- El estado general: el niño debe tener un buen estado general y estar contento, y no postrado o muy apagado.
- El control de peso: una pérdida de peso importante en el curso de una gastroenteritis significa pérdida de líquidos.
- Si acudes con el bebé al médico por diarreas, anota el peso de ese momento. Es muy importante conocer el peso del bebé (desnudo) cuando inicia un cuadro de diarrea, porque ayudará a valorar la evolución. De todas formas, un bebé de pocos meses que presenta una gastroenteritis, tiene que seguir controles por el pediatra. A veces precisan controles diarios o incluso el ingreso en el hospital.

Tratamiento de la gastroenteritis aguda sin deshidratación

A continuación se presenta un esquema del tratamiento de la gastroenteritis en lactantes menores de cinco meses. Pero es el médico el que tiene que prescribirlo y hacer el diagnóstico de gastroenteritis, así como valorar la hidratación.

En la ficha técnica del suero de rehidratación oral Bioralsuero® se indica que no debe administrarse a prematuros ni a niños menores de un mes. Consulta con el pediatra.

Lactancia materna exclusiva. Si el bebé mama exclusivamente, seguirá tomando lactancia materna. Debes ofrecerle una solución de rehidratación oral (Bioralsuero®, etcétera) entre tomas, y sobre todo después de cada deposición.

Lactancia artificial. Durante tres o cuatro horas le mantienes con una solución de rehidratación oral (Bioralsuero®, etcétera). Las tomas deben ser muy pequeñas (sorbitos) para que no vomite, y frecuentes, para reponer los líquidos que se pierden por la diarrea. Posteriormente, si ya tolera, le reintroduces la cantidad de leche adaptada que tomaba previamente. Pero las tomas serán más pequeñas y más frecuentes.

Si la diarrea es importante y las heces son ácidas o irritan la zona del pañal, es conveniente que cambies a una leche sin lactosa, como Blemil plus SL, Al 110, etcétera. (Se preparan igual que las otras leches adaptadas: a cada 30 ml de agua, le corresponde una medida rasa de leche en polvo.) Entre tomas y después de las deposiciones debes ofrecerle suero de rehidratación oral.

Debes volver al pediatra o acudir al hospital si el bebé presenta vómitos continuos, diarrea muy profusa o con sangre, mal estado general, o está muy apagado o muy decaído.

Complicaciones de la gastroenteritis

Aunque la complicación más frecuente de la gastroenteritis es la temida deshidratación, existen otras complicaciones que no son raras, como la intolerancia a la lactosa y la alergia a la leche.

Intolerancia a la lactosa

Después de un episodio de diarrea, algunos niños no toleran bien la leche, y esto les impide la curación completa. Suele deberse a un problema transitorio causado por el azúcar de la leche (lactosa). Si hay intolerancia a la lactosa, las heces se vuelven ácidas e irritan la zona del pañal o perianal, formando a veces auténticas llagas.

En este caso, como ya hemos comentamos antes, deberá tomar una leche sin lactosa. Así se curará y volverá a tolerar su leche adaptada normal en unas semanas.

Si el bebé toma leche materna, debe seguir con el pecho, porque la lactosa de ésta se tolera mejor.

RECUERDA

La noche es enemiga de los niños, porque los adultos duermen y el niño se queda sin vigilancia. Cuando un niño está enfermo debes vigilarle también por la noche, incluso poniendo el despertador si fuese necesario.

Intolerancia a las proteínas de la leche de vaca

En ocasiones, después de padecer una gastroenteritis, los bebés de pocos meses que toman biberón pueden volverse alérgicos a la leche (a las proteínas de la leche de vaca).

La leche de vaca tiene muchas proteínas diferentes de la leche humana. Y debes recordar que la base para la elaboración de las leches adaptadas para bebés es la leche de vaca. Por tanto, si un niño es alérgico a la leche de vaca, no va a tolerar tampoco las leches adaptadas para bebés y tiene que tomar una leche especial (hidrolizada).

La alergia a la leche de vaca suele presentarse en lactantes pequeños y es típico que se deba a uno de estos dos supuestos:

1. Bebé que toma el pecho y, por la razón que sea, se le administraron biberones de leche adaptada.
2. Bebé que toma biberón y que padece una gastroenteritis, generalmente por rotavirus, que se complica con una intolerancia a las proteínas de la leche de vaca.

Los síntomas pueden ser los siguientes:

- Diarrea tórpida, que puede cursar con algo de sangre en las heces.
- Manchas rojas en la piel (urticaria). Además, puede presentar hinchazón en los párpados o los labios, las manos, los tobillos, los pies, etcétera.
- Cólico del lactante muy importante.

Con estos síntomas, puedes pensar en una alergia a las proteínas de la leche de vaca y debes acudir al médico. Si, después de tomar un biberón, le aparecen manchas en la piel, o hincha-

zón (labios, párpados manos, pies) o urticaria, ¡acude inmediatamente al pediatra o al servicio de urgencias!

A diferencia de la intolerancia a la lactosa (azúcar), la intolerancia a las proteínas cuesta de superar y tardará unos dos años
en volver a tolerar la leche de vaca o sus derivados.

43

Estreñimiento

A veces, los padres consultan al pediatra porque creen que el niño está estreñido: le notan que le cuesta hacer las deposiciones o pasa varios días sin hacer ninguna.

Algunos bebés parecen hacer mucho esfuerzo para defecar; se ponen rojos, flexionan las piernas, pero luego en el pañal las heces son normales y no son duras. Es un falso estreñimiento. Esto ocurre porque «no saben bien por dónde empujar» y tienen que aprender.

Otro error es pensar que los bebés tienen que hacer deposiciones todos los días. En ocasiones pasan varios días sin hacer deposiciones sin que haya ningún problema. Incluso pueden tardar semanas.

Si el niño está bien y contento, y las deposiciones no son muy duras, no hay que darle mayor importancia y no es necesario tomar medidas.

Verdadero estreñimiento

Es cuando el niño realiza deposiciones dificultosas, poco frecuentes y expulsando heces duras.

El estreñimiento verdadero, con heces duras, tampoco es muy raro. Suele darse en niños que toman biberón, y a veces se resuelve rebajando algo la leche (en vez de 30 ml de agua por cada medida rasa de leche en polvo, le damos 35 ml de agua por cada medida rasa durante unos días). También existen leches antiestreñimiento. Si el estreñimiento es importante, con dificultad y las heces son duras, compactas, hay que consultárselo al pediatra.

44

Conjuntivitis y otitis

Conjuntivitis

En cuanto nace el bebé, entre otras rutinas del paritorio, se le administra una pomada antibiótica en los ojos para prevenir la conjuntivitis producida por los gérmenes vaginales (véase el capítulo 2).

Pero ¿qué es la conjuntivitis? Es la inflamación de la conjuntiva del ojo y se caracteriza porque éste se pone rojo y presenta secreción purulenta (como pus) con legañas. Se trata con una pomada o un colirio antibiótico, previo lavado con suero fisiológico, y suelen evolucionar bien, sin problemas.

Algunos niños tienen conjuntivitis de repetición y en este caso hay que descartar una obstrucción del conducto lagrimal. El conducto lagrimal es un canalito muy fino por el que las lágrimas circulan hacia las fosas nasales, evitando así que rebosen y se produzca un lagrimeo continuo. Si el conducto lagrimal está obstruido, existirá lagrimeo continuo por ese ojo desde las pocas semanas de edad, y el bebé presentará conjuntivitis de

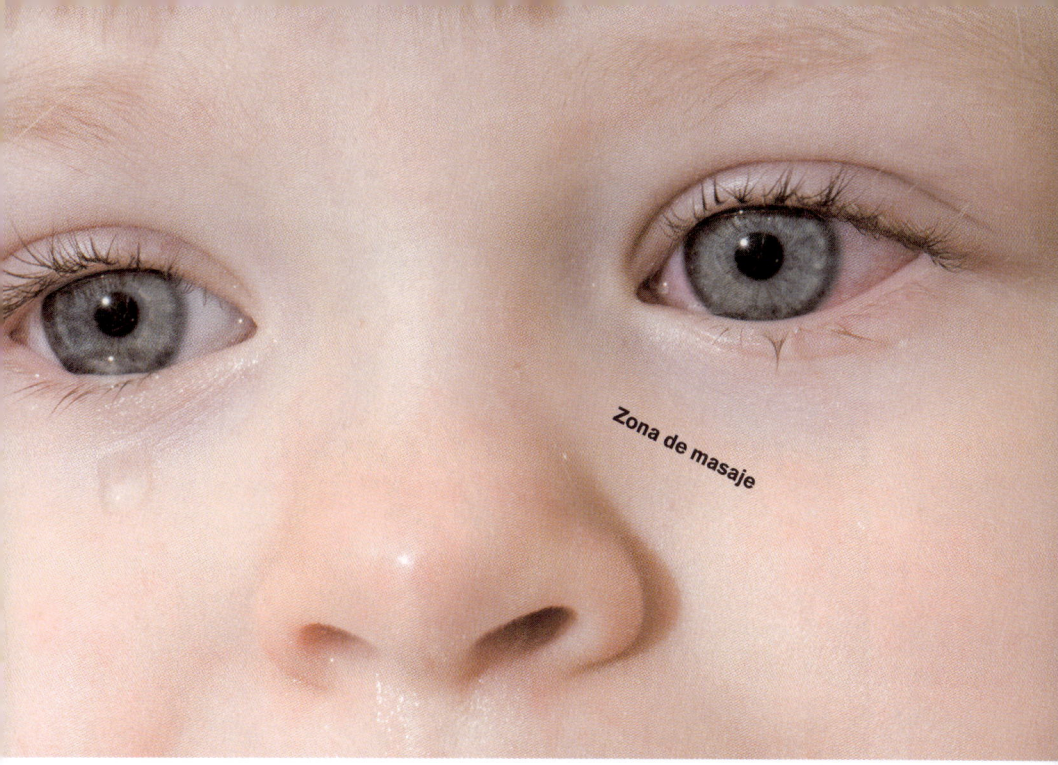

Zona de masaje

repetición. Además de tratar con antibióticos oftálmicos las sucesivas conjuntivitis, se deben realizar masajes del conducto lagrimal. La zona donde se hace el masaje, varias veces al día, está entre el ángulo interno del ojo y la raíz nasal, un poco hacia abajo (véase la fotografía).

La obstrucción del lagrimal no es rara, pero suele evolucionar bien y sólo en algunos casos precisa sondaje para desobstruirlo, que habitualmente se hace después de los ocho meses.

Otitis

Es la inflamación del oído. Generalmente, si se habla de otitis (a secas) se habla de la otitis media aguda. Es un proceso muy frecuente en los niños, y es la causa principal por la que los pediatras recetan antibióticos. Puede ser la complicación de un catarro (pero no siempre).

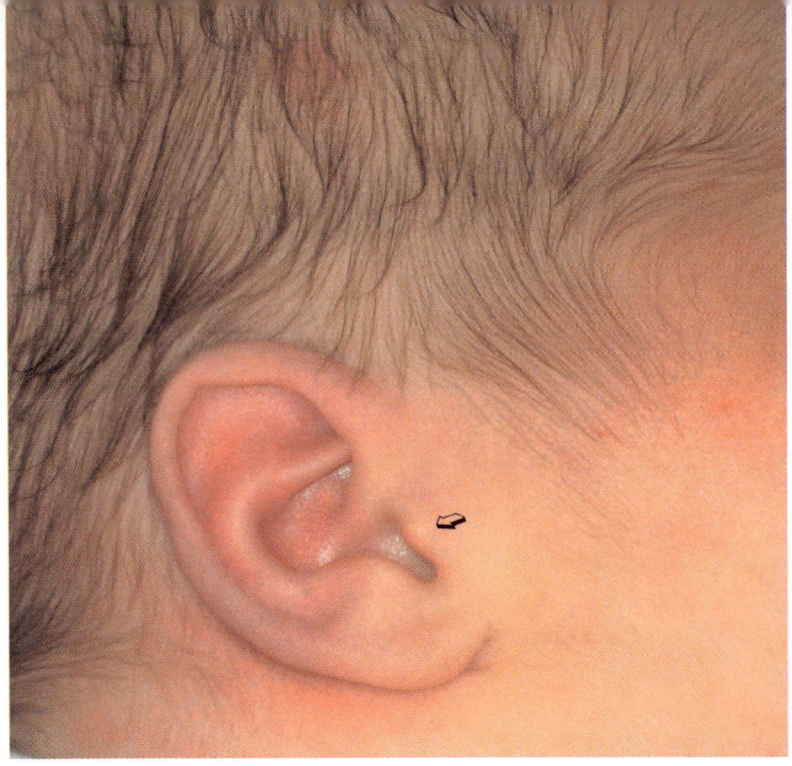

El síntoma principal es la irritabilidad y el llanto (por dolor). Pero también pueden tener fiebre, supurar por el conducto auditivo, etcétera. Así, si tu bebé tiene un catarro y llora mucho o está muy irritable, debes pensar en esta posibilidad.

¿Cómo sabrás si le duelen los oídos? No es fácil. Cuando son muy pequeños no se llevan la mano al oído. Pero si él bebé llora mucho, considera esta posibilidad, sobre todo si tiene catarro o si ya ha tenido otitis anteriormente. Si le presionas suavemente cerca del conducto auditivo (véase la fotografía) cuando el bebé está tranquilo, éste se apartará rápidamente porque siente dolor y llorará con fuerza (signo del trago).

Si sospechas una otitis dale paracetamol (¡cuidado con la dosis! Véase el capítulo 49), y acude al pediatra.

45

Catarro nasal y de vías altas

Los recién nacidos y los lactantes pequeños respiran necesariamente por la nariz. Y si ésta se le obstruye por un catarro, lo pasan mal, porque no saben respirar bien por la boca.

Si alguien en casa está acatarrado, no debe acercarse al bebé o toser frente él. Incluso debería ponerse una mascarilla si el bebé es muy pequeño. Y por supuesto todos deben lavarse bien las manos antes de tocar al bebé o sus cosas.

Los síntomas de un catarro los conoce todo el mundo: moco clarito, estornudos, ruidos nasales al respirar, los ojos llorosos, quizá febrícula, tos, etcétera.

Pero lo que no suelen ser síntomas de un catarro son la tos importante, la fiebre alta o la dificultad para respirar. Esto indica que seguramente el proceso catarral «ha bajado» y debe valorarlo el pediatra.

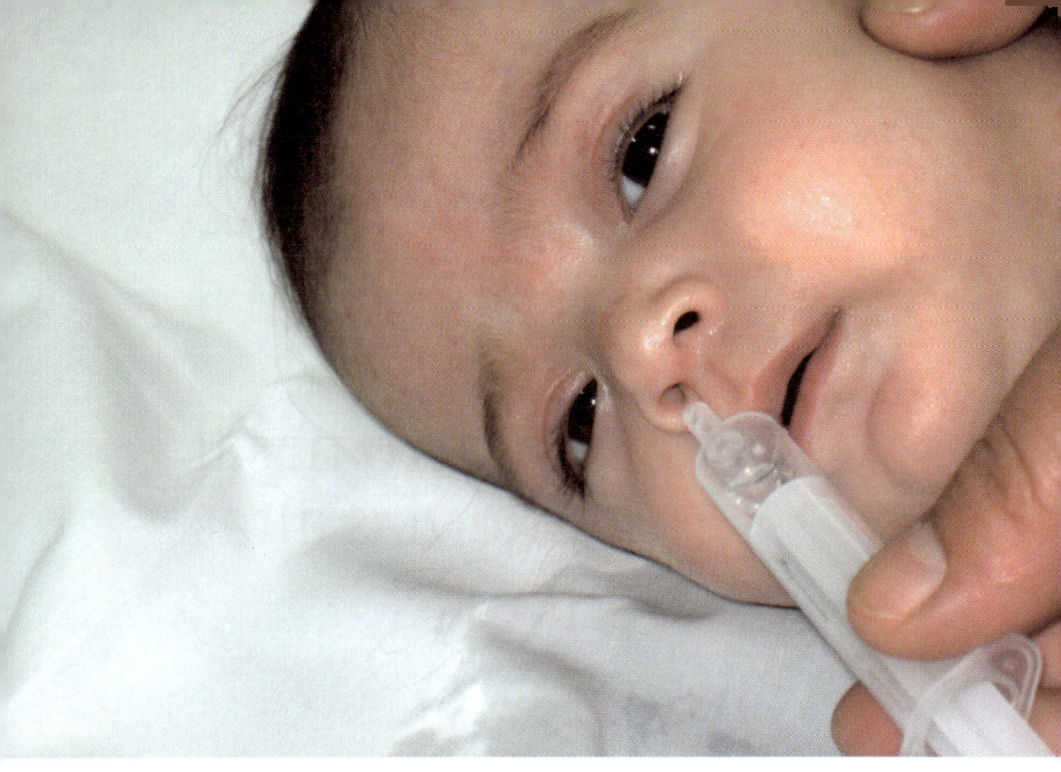

Tratamiento

Dado que se trata de una infección vírica, no se prescriben antibióticos. Se tratan los síntomas:

- Lavados nasales: con cuidado y generando poca presión, échale en un orificio nasal un chorrito de suero fisiológico con una jeringuilla (¡sin aguja!), o de agua de mar estéril Rhinomer® fuerza 1 (en mayores de un mes). Espera unos segundos para que el niño se recupere y se hace lo mismo en el otro orificio nasal. Es mejor lavarle las fosas nasales antes de las tomas, porque con las maniobras de lavado podría atragantarse o vomitar la toma. Acuéstalo de lado para hacérselo (véase la fotografía).
- Aspirar el moco: existen aspiradores manuales como el Narhinel® que son muy útiles para aspirarle el moco. Tendrás que aspirar con la boca por el otro extremo de la sonda para

hacer vacío. Aspira con cuidado para evitar irritarle o dañarle la mucosa de las fosas nasales.

- Antitérmicos: si presenta fiebre, o si está dolorido puedes darle paracetamol. Pero ¡ojo con la dosis! (véase el capítulo 49).
- Eleva un poco la cabecera de la cuna, para que el bebé esté algo incorporado.
- Y por supuesto ¡nada de tabaco en casa!

El médico puede prescribirte las gotas nasales u otros remedios.

RECUERDA

Los catarros nasales son procesos habitualmente leves, aunque los bebés muy pequeños pueden pasarlo mal. Debemos vigilar la evolución y mantener las fosas nasales limpias.

46
Bronquiolitis

Es la inflamación de los bronquios más finos, los bronquiolos, producida habitualmente por el virus sincitial respiratorio (VSR). Afecta, sobre todo, a los niños menores de dos años en otoño e invierno.

Los síntomas de una bronquiolitis son los de un catarro fuerte que ha bajado a los bronquios. El bebé puede tener fiebre alta, una tos importante y sufrir vómitos. También puede que le cueste respirar o comer.

Los bebés de pocas semanas también pueden padecer una bronquiolitis. Sin embargo, lo habitual es que afecte a lactantes que ya tienen unos meses de vida. Lo cual es una suerte, porque, cuanto menor es el bebé, mayor es el riesgo de complicaciones.

Prevención

No existe vacuna contra el virus sincitial respiratorio. En épocas de epidemia, evita que tu bebé esté en contacto con otros niños

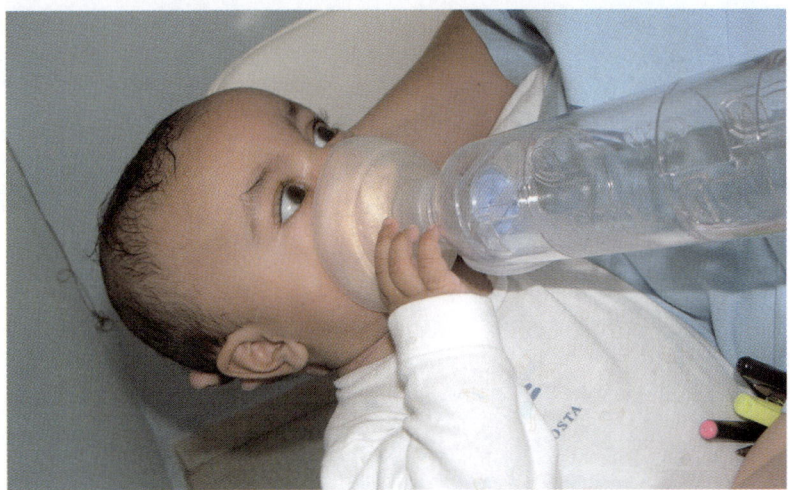

diagnosticados de bronquiolitis; usa una mascarilla o algo así, porque tampoco puedes tenerlo en una burbuja. Y por supuesto, lávate bien las manos antes de tocar al bebé o sus cosas.

A los bebés de mayor riesgo (cardiopatías, grandes prematuros, etcétera) se les administran anticuerpos para neutralizar el virus sincitial: una inyección de Synagis® mensual durante la época de epidemia (de octubre a abril).

Tratamiento

No existe ningún tratamiento eficaz contra el virus. Se tratan los síntomas. Pero estamos hablando de bebés muy pequeños, que se defienden mal de esta infección. Como siempre, será el pediatra o el médico del servicio de urgencias quienes harán el diagnóstico y prescribirán el tratamiento.

Los menores de seis semanas son especialmente vulnerables, por lo que los suelen ingresar unos días en el hospital para vigilar la evolución (incluso si están bastante bien).

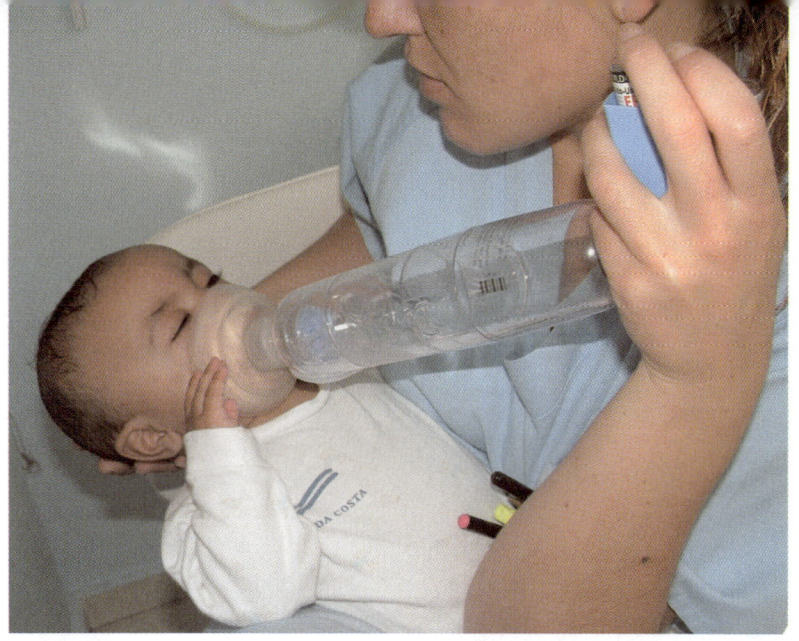

Algunas medidas eficaces contra esta infección son:

- Mantenle las vías respiratorias altas limpias, de la forma que hemos comentado antes (véase el capítulo anterior).
- Mantenle una buena hidratación: tolera mejor las tomas pequeñas y frecuentes.
- No fumes en casa.
- Los dilatadores bronquiales como el salbutamol en aerosol, que se administra mediante una cámara que termina en mascarilla (Babyhaller®, etcétera), pueden ayudarle a mejorar un poco (los debe recetar el médico).

RECUERDA
Contra el virus sincitial no se desarrolla una inmunidad permanente, por lo que un mismo niño puede tener varios episodios de bronquiolitis.

47

Tortícolis congénita

El nombre tortícolis viene del latín y significa «cuello torcido» *(tortus collum)*. Y a eso se refiere, ya que un bebé con tortícolis congénita es un bebé que tiene una postura viciada del cuello y lo mantiene torcido o inclinado. Por lo general, el cuello se inclina hacia un lado y el mentón se vuelve hacia el contrario.

Las causas de tortícolis son muchas, entre ellas la plagiocefalia (véase el capítulo 48), pero en lactantes pequeños, la causa más habitual es el acortamiento del músculo esternocleidomastoideo. Los motivos por los cuales este músculo está acortado son diversos. Se habla de un posible traumatismo durante el parto, aunque lo cierto es que también se observa en bebés nacidos por cesárea.

No es raro que empiece a las pocas semanas de vida con la aparición de un bultito en la cara lateral del cuello, precisamente en ese músculo de nombre tan largo (esternocleidomastoideo). Primero el bultito y luego la tortícolis.

¿Cómo se diagnostica? Los padres habitualmente no notan nada y suele ser el pediatra el que detecta:

- Un bulto en el cuello del bebé (que en este momento no suelen torcer la cabeza todavía).
- El cuello torcido y la cabeza ladeada.

La gran mayoría de las veces el problema se da en el lado derecho.

El tratamiento es sencillo y consiste en unos ejercicios de fisioterapia.

Ejercicios de estiramiento del cuello

Te los indicará el pediatra, generalmente mientras esperas la consulta del servicio de rehabilitación. Debes hacerle estos ejercicios siempre que le cambies los pañales, y al menos tres veces al día. Cada ejercicio se repite tres veces.

- **Ejercicio oreja a hombro.** Está pensado para mejorar la lateralización de la cabeza. Ponle una mano en la parte alta del pecho y la zona del hombro, de manera que no pueda mover el tronco, y la otra en la parte superior de la cabeza. De forma suave y continua, debes inclinarle la cabeza hacia el lado sano, llevando la oreja hacia el hombro. Al llegar a un punto de resistencia, aguanta diez segundos y luego suéltale la cabeza (véase el dibujo de la página siguiente).
- **Ejercicio mentón a hombro.** Está pensado para mejorar la rotación de la cabeza. Ponle una mano en el pecho y la otra, en la parte lateral de la cara. De forma suave y continua, vuélvele la cabeza de manera que el mentón vaya hacia el hombro del lado enfermo. Gírale la cabeza hasta el punto de resistencia, aguanta diez segundos y suéltale lentamente.

Ejercicio oreja
a hombro.

Ejercicio mentón
a hombro.

48

Plagiocefalia y otras deformidades de la cabeza

Las deformidades de la cabeza suelen aparecer a las pocas semanas de vida y son la consecuencia de dormir apoyado siempre sobre la misma zona. Aunque es poco frecuente, estas deformidades pueden estar presentes al nacer, debido a un problema de espacio: poco líquido amniótico, embarazo múltiple, posición de nalgas, etcétera. También existen otras alteraciones de la forma del cráneo debidas a enfermedades como el cierre precoz de suturas, pero son muy poco frecuentes.

En 1992, la Academia Americana de Pediatría aconsejó acostar a los bebés boca arriba para evitar la muerte súbita en la cuna. El resultado fue espectacular y las muertes súbitas en la cuna ¡disminuyeron a la mitad! Pero como contrapartida, aumentaron los casos de deformidades de la cabeza: una verdadera epidemia de cráneos aplanados y asimétricos (plagiocefalias) debido a la posición recomendada para dormir.

Si tu bebé duerme apoyando continuamente la cabeza en la

misma zona, debido a la presión constante en esa zona, la cabecita se le irá aplanando por ese lado. Además, cuanto más se le
aplane la zona de apoyo, más le gustará dormir sobre ella. Es un
auténtico círculo vicioso.

Prevención de las deformidades de la cabeza

(Véase también el capítulo 14.) Recordemos: el bebé sano debe
dormir sobre la espalda, boca arriba; sin embargo, debes evitar
que apoye la cabeza siempre sobre la misma zona.

- Tienes que ir cambiándole la zona de apoyo de forma rotato-
ria: cabeza centrada, giro a la derecha, giro a la izquierda.
- Inicia estos giros de la cabeza desde las primeras semanas de
vida después de cada toma, para evitar que se establezcan
preferencias y se establezca el círculo vicioso:

PREFERENCIA → APLANAMIENTO → PREFERENCIA

Juega con el bebé en posición prona (bocabajo y culito para arriba) a partir de las cuatro o seis semanas de vida. Inicialmente, unos cinco minutos, mañana y tarde. Luego ve aumentando progresivamente ese tiempo. Así el bebé levanta la cabeza de la cama, hace ejercicio y fortalece los músculos del cuello.

«Duerme sobre la espalda, juega sobre la panza»

A continuación comentaremos los tipos de deformidades craneales más frecuentes:

- **Plagiocefalia posicional.** Plagiocefalia significa cabeza oblicua. Se produce por dormir boca arriba (correcto), pero con la cabeza siempre vuelta hacia un mismo lado (incorrecto). El resultado es que el lado sobre el que se apoya (derecho o izquierdo) se irá aplanando y dará lugar a una asimetría de la cabeza y de la cara. A veces se asocia con tortícolis.
- **Braquicefalia.** Una cabeza ancha y aplanada por detrás, debido a dormir siempre apoyando la zona occipital central.
- **Dolicocefalia.** Una cabeza muy alargada y estrecha. Es frecuente en los niños prematuros, debido a estar acostados en la incubadora apoyados de lado, y a que sus huesitos craneales son muy blandos y se deforman con más facilidad. En estos casos son muy útiles las almohadillas que ayudan a que duerma apoyado en la zona posterior (occipital) y no de lado (véase la fotografía de la página 184).

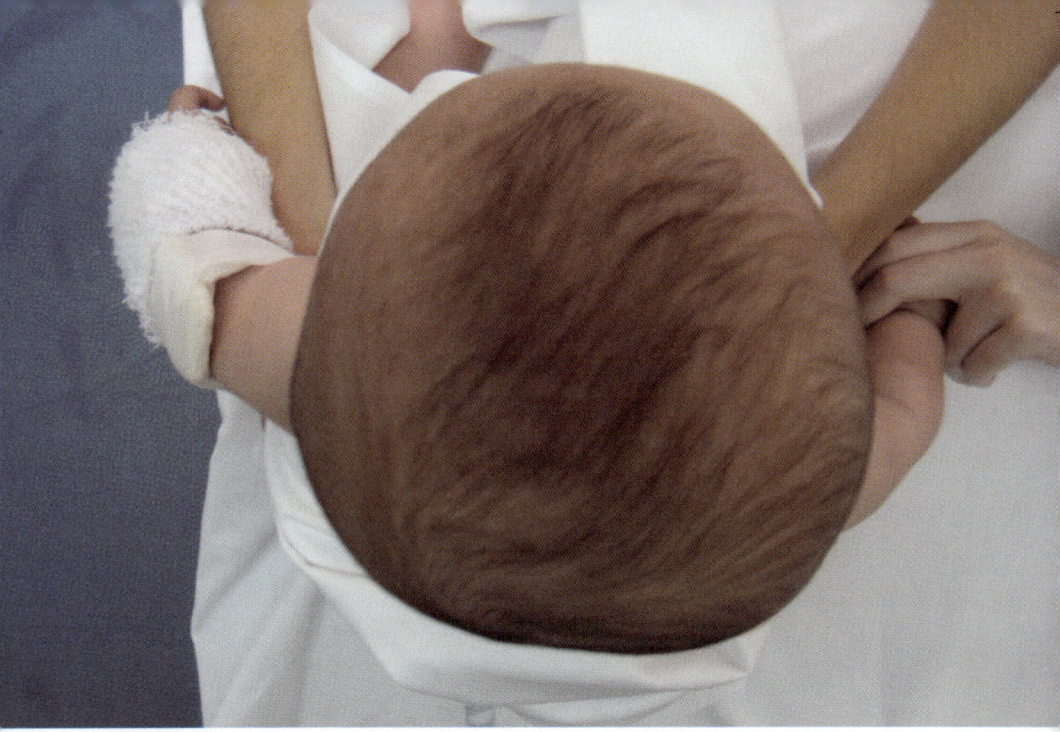

Braquicefalia.

Tratamiento

1. **Tratamiento posicional.** Muy efectivo en los primeros cinco meses de vida para reeducar el giro de la cabeza:
   - Si tiende a dormir hacia la derecha, ponlo hacia la izquierda y viceversa.
   - Si tiene la cabeza aplanada por la parte posterior: ponlo a dormir boca arriba, pero apoyando la cabeza de lado.

Almohadilla para la prevención y el tratamiento de deformidades craneales.

- El bebé no debe dormir apoyado sobre la zona deprimida. A veces es difícil, porque muchos niños ya han desarrollado su posición de comodidad, pero debes ser muy perseverante y paciente. Insistir es fundamental.

En las plagiocefalias, puede servirte confeccionar un rodillo de unos 30 cm de largo y de 8-10 cm de ancho, que, mediante un velcro, puedas sujetar al pijama del bebé de forma longitudinal, a la altura del hombro del lado afectado. O una bolsita con arena colocada de ese lado que impida que apoye la zona aplanada. También existen almohadillas especiales para estos casos como la de la fotografía (pregunta a tu pediatra).

- Ponlo bocabajo el máximo tiempo posible, aunque siempre despierto y vigilado, como ya hemos comentado.
- Reorienta la cuna. Ponla paralela a tu cama, pero orientada

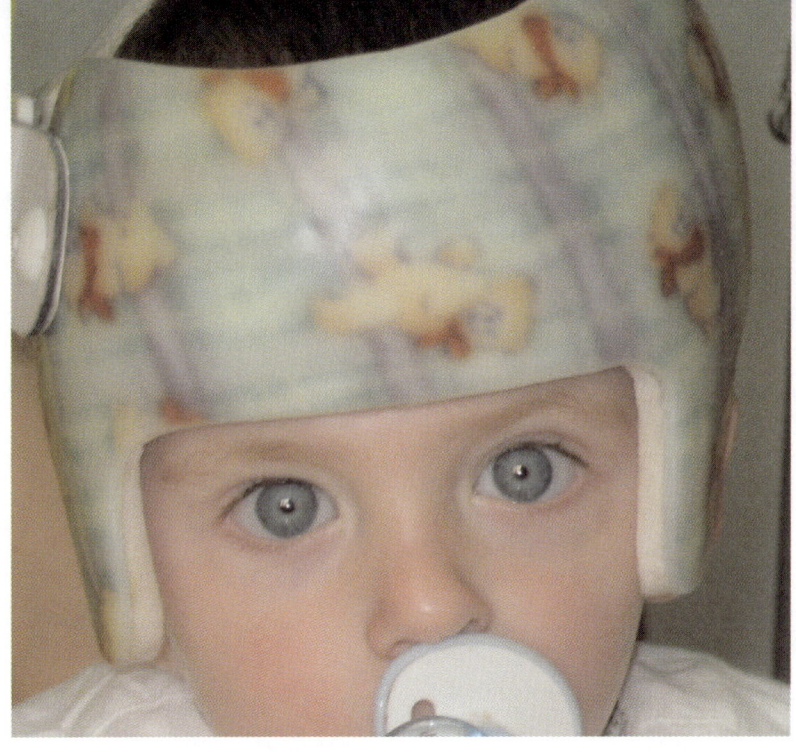

Los cascos funcionan, pero son «engorrosos».

de forma que, para verte, tenga que apoyar la cabeza sobre la zona sana.

- Si presenta tortícolis:
  - Cuando vaya de paseo en su sillita, si vas acompañada, quien no empuje la silla que se coloque del lado para el cual te interese que vuelva la cabeza tu bebé.
  - Cuando coma, viaje en coche, etcétera, colócate de forma que el niño vuelva la cabeza para el lado que te interesa.

2. **Ortesis craneal.** El famoso casco. La ortesis craneal está indicada en los casos más importantes y generalmente en niños mayores de cuatro o cinco meses que no han evolucionado bien con mediadas posturales. El casco funciona conteniendo las zonas salientes y liberando las zonas deprimidas. Lo debe llevar puesto 23 horas al día (sólo se retira para la higiene) y está hecho a medida.

49

Fiebre

La temperatura normal de un recién nacido es de hasta 37 °C axilar y hasta 37,5 °C rectal (en el culito).

Se dice que tienen febrícula (o décimas) cuando la temperatura rectal es entre 37,5 y 38 °C, y se llama fiebre cuando es superior a 38.

El recién nacido no tiene todavía muy maduros los sistemas de control térmico, de forma que la temperatura exterior puede influir mucho en su temperatura interna. Así, el abrigo excesivo puede ser causa de fiebre. Otra causa frecuente de fiebre sin otros síntomas, a esta edad y sobre todo en los varones, son las infecciones urinarias. Pero, por supuesto que la fiebre puede deberse a muchas otras causas.

Como este manual está centrado en los bebés hasta los tres meses de vida, el tema de la fiebre es muy fácil: todo lactante menor de tres meses con fiebre requiere valoración médica urgente y debes llevarlo a su pediatra o al servicio de urgencias.

Salvo una causa obvia que explique la fiebre (haberle puesto una vacuna ese día, etcétera), es muy probable que el pediatra lo envíe al hospital para una evaluación más completa.

Si un niño tiene fiebre, no debes abrigarle mucho y como antitérmico a esta edad indicamos el paracetamol. Un preparado de paracetamol para bebés es el Gelocatil® infantil solución oral 100 mg/ml. La dosis es de 0,1 ml por kg de peso. Así, a un niño que pesa 4 kg le darás 0,4 ml; si pesa 5 kg le darás 0,5 ml, etcétera. Puedes repetir la dosis cada seis horas (incluso algo antes, pero al menos deben haber pasado cuatro horas desde la dosis anterior). Pero, ¡ojo!, a veces los laboratorios cambian la concentración de sus productos. Debes comprobar que no han cambiado la presentación y que es de 100 mg/ml.

Los jarabes no deben medirse por cucharaditas (cuchara café, postre, etcétera); se miden en centímetros cúbicos o mililitros. Recuerda: un mililitro es lo mismo que un centímetro cúbico:

$$1 \text{ ml} = 1 \text{ cm}^3$$

En este punto queremos alertar sobre un problema que, hoy por hoy, es la causa más temida de intoxicación grave por paracetamol en los bebés: la intoxicación accidental por dosis muy altas de gotas o jarabe de paracetamol, administrado a un bebé de dos o tres meses por sus padres, para la fiebre o para las molestias de una vacuna. Esta intoxicación se produce porque los padres administran, de forma repetida, dosis muy altas a un bebé muy pequeño, porque no han entendido bien al médico. El error más habitual es administrar diez veces más de la dosis normal. Por ejemplo, si el médico ha dicho que le den 0,5 ml, los padres han entendido 5 ml. Y puede que se administre esta dosis varias veces, lo que producirá una intoxicación grave. En Estados Unidos ya se han producido casos con lamentables consecuencias que tienen como origen estos errores. ¡Nunca administres un jarabe si no estás seguro de la dosis! En caso de duda o si te parece «mucha cantidad para un bebé», no administres el medicamento y llama al pediatra.

RECUERDA

No está aconsejado administrar paracetamol para prevenir las molestias o la fiebre de una vacuna.

Por otro lado, recuerda que no está aconsejado administrar paracetamol para prevenir las molestias o la fiebre de una vacuna, porque se ha asociado a una menor respuesta inmune (defensas). Le darás paracetamol si lo precisa, si aparece fiebre, dolor, etcétera, pero no como preventivo.

En resumen: la fiebre en niños menores de tres meses requiere valoración inmediata por el pediatra. Pasados estos tres primeros meses de vida las cosas cambian, y la actitud hacia la fiebre es más relajada.

50

Las pruebas de paternidad

Algunos padres solicitan información sobre las pruebas de paternidad.

Son pruebas que se usan para determinar si un niño concreto es (o no) hijo biológico de una determinada persona. Analizan y cotejan el ADN del niño y el del posible padre (también podría ser de la madre o de ambos). Las técnicas actuales son cien por cien fiables para descartar la paternidad y sobre un 99,99 % para la confirmación. Si la prueba dice «No», descarta como padres biológicos con fiabilidad total. Si la prueba dice «Sí», la fiabilidad es casi total (99,99 %).

Esta prueba se suele solicitar por varios motivos:

- Padres en trámites de divorcio, para evitar pagar pensiones.
- Sospecha de infidelidad, etcétera.
- Razones médico-legales (sospecha de cambio de bebés, etcétera).

.El caso más habitual es el de un padre que tiene dudas y quiere comprobar la paternidad.

¿Dónde se realizan estas pruebas?

Si se solicitan a título personal (sin mandato judicial), es necesario recurrir a un laboratorio privado. En internet es fácil localizar estos laboratorios poniendo en un buscador «pruebas de paternidad». El precio ronda los quinientos euros.

En Andalucía se puede comprar en las farmacias un kit para esta prueba, que seguramente pronto estará a la venta en el resto de España. La prueba consiste en tomar una muestra de ADN de la saliva del padre y del hijo a través de diferentes soportes, como chupetes o cepillos dentales, que los farmacéuticos recogerán para enviar a los laboratorios Lorgen, que devuelve los resultados una semana después a la farmacia o al domicilio del cliente, si éste lo solicita.

Anexos

1

Prevención de riesgos laborales

En las siguientes páginas reproducimos el Real Decreto 298/2009 relativo al Reglamento de los Servicios de Prevención destinado a promover la seguridad y la salud en el trabajo de mujeres embarazadas y en período de lactancia.

Fuente: Boletín Oficial del Estado (07/03/2009)

BOLETÍN OFICIAL DEL ESTADO

I. DISPOSICIONES GENERALES

MINISTERIO DE LA PRESIDENCIA

3905   *Real Decreto 298/2009, de 6 de marzo, por el que se modifica el Real Decreto 39/1997, de 17 de enero, por el que se aprueba el Reglamento de los Servicios de Prevención, en relación con la aplicación de medidas para promover la mejora de la seguridad y de la salud en el trabajo de la trabajadora embarazada, que haya dado a luz o en período de lactancia.*

La Directiva 92/85/CEE del Consejo, de 19 de octubre de 1992, relativa a la aplicación de medidas para promover la mejora de la seguridad y de la salud en el trabajo de la trabajadora embarazada, que haya dado a luz o en período de lactancia, estableció, en el ámbito comunitario, una serie de disposiciones cuyo objetivo era la protección de este colectivo de trabajadoras especialmente sensibles a determinados riesgos. En nuestro país, la incorporación de la directiva se efectuó mediante la Ley 31/1995, de 8 de noviembre, de Prevención de Riesgos Laborales, que en su artículo 26, modificado posteriormente por la Ley 39/1999, de 5 de noviembre, para promover la conciliación de la vida familiar y laboral de las personas trabajadoras y, recientemente, por la Ley Orgánica 3/2007, de 22 de marzo, para la igualdad efectiva de mujeres y hombres, contempla la práctica totalidad de las disposiciones de la directiva.

Hay, sin embargo, un punto de la directiva que no ha tenido una correspondencia exacta en la ley, como es el relativo a los dos anexos de la norma comunitaria: tanto el I, que contiene la lista no exhaustiva de los agentes, procedimientos y condiciones de trabajo a los que debe prestarse especial atención en la evaluación de riesgos porque pueden influir negativamente en la salud de las trabajadoras embarazadas o del feto; como el II, que incluye la lista no exhaustiva de los agentes y condiciones de trabajo respecto a los cuales ni la trabajadora embarazada ni la trabajadora en período de lactancia podrán verse obligadas, en ningún caso, a realizar actividades que, de acuerdo con la evaluación de riesgos, supongan el riesgo de exposición a los mismos, cuando se ponga en peligro su seguridad o su salud. La razón para que estos anexos no hayan tenido una plasmación literal en las normas españolas es porque ambos incluyen relaciones no exhaustivas, de tal manera que, en el momento de la transposición, se consideró que incluir esos listados podía inducir a pensar erróneamente que sólo debían evaluarse los riesgos y adoptarse medidas respecto de los agentes, procedimientos y condiciones de trabajo incluidos en esos anexos.

No obstante lo anterior, la experiencia adquirida en estos años ha puesto de manifiesto la necesidad de facilitar la identificación de esos agentes, procedimientos y condiciones de trabajo, así como de garantizar una aplicación más efectiva de las disposiciones de protección de la maternidad, sin que ello suponga limitar los agentes, procedimientos o condiciones de trabajo que hacen desencadenar las medidas previstas en el artículo 26 de la Ley 31/1995, de 8 de noviembre, de Prevención de Riesgos Laborales. Así se reflejó en la Ley Orgánica 3/2007, de 22 de marzo, para la igualdad efectiva de mujeres y hombres, que contempló la necesidad de adoptar medidas en este ámbito como parte integrante del derecho de la mujer a la igualdad efectiva en el trabajo. Para ello otorgó un mandato al Gobierno para que reglamentariamente integrara el contenido de los anexos de la Directiva 92/85/CEE en el ordenamiento jurídico español.

Por ello, esta modificación normativa no reduce el nivel de protección ya establecido en nuestro país respecto a las trabajadoras embarazadas y madres en período de lactancia, sino que pretende facilitar la realización de la evaluación de riesgos sin que ello suponga una regresión respecto a las cotas de seguridad ya alcanzadas, ya que las dos listas que ahora se incorporan mantienen el carácter no exhaustivo que predica la directiva.

cve: BOE-A-2009-3905

BOLETÍN OFICIAL DEL ESTADO

Para realizar el desarrollo reglamentario necesario para incorporar los dos anexos se ha optado por modificar el Real Decreto 39/1997, de 17 de enero, por el que se aprueba el Reglamento de los Servicios de Prevención, por considerarla la norma más idónea para ello, ya que contiene las disposiciones de carácter general relativas a la evaluación de riesgos en el trabajo. El apartado uno del artículo único modifica el artículo 4.1.b) del Real Decreto 39/1997, de 17 de enero, para especificar que, en la evaluación de riesgos, se tendrá en cuenta la posibilidad de que el trabajador que lo ocupe o vaya a ocuparlo sea especialmente sensible, por sus características personales o estado biológico conocido, a alguna de dichas condiciones.

Es a continuación de este punto donde se incluye un nuevo epígrafe relativo a la evaluación de los riesgos respecto a las trabajadoras embarazadas o madres en período de lactancia. En un caso se hace referencia al nuevo anexo VII del Reglamento de los Servicios de Prevención, que incluye una lista no exhaustiva de agentes, procedimientos y condiciones de trabajo que pueden influir negativamente en la salud de las trabajadoras embarazadas o en período de lactancia natural, del feto o del niño durante el período de lactancia natural, en cualquier actividad susceptible de presentar un riesgo específico de exposición, mientras que en el otro caso se refiere al nuevo anexo VIII del propio Reglamento, dividido en dos partes.

La parte A incluye una lista no exhaustiva de los agentes y condiciones de trabajo respecto a los cuales el empresario, una vez que conozca el estado de embarazo, deberá impedir a la trabajadora embarazada realizar actividades que, de acuerdo con la evaluación de riesgos, supongan el riesgo de exposición a los mismos, cuando se ponga en peligro su seguridad o su salud o la del feto; además, la trabajadora en período de lactancia no podrá, en ningún caso, realizar actividades que, de acuerdo con la evaluación de riesgos, supongan el riesgo de una exposición a los agentes o condiciones de trabajo enumerados en la parte B del mismo anexo, cuando se ponga en peligro su seguridad o su salud o la del niño durante el período de lactancia natural.

Los apartados dos y tres del artículo único incorporan al Real Decreto 39/1997, de 17 de enero, los dos nuevos anexos, como anexos VII y VIII, respectivamente.

En la elaboración de este real decreto se ha consultado a las organizaciones empresariales y sindicales más representativas y se ha oído a la Comisión Nacional de Seguridad y Salud en el Trabajo.

En su virtud, a propuesta de los Ministros de Trabajo e Inmigración y de Sanidad y Consumo y de la Ministra de Igualdad, con la aprobación previa de la Ministra de Administraciones Públicas, de acuerdo con el Consejo de Estado y previa deliberación del Consejo de Ministros en su reunión del día 6 de marzo de 2009,

DISPONGO:

Artículo único. *Modificación del Real Decreto 39/1997, de 17 de enero, por el que se aprueba el Reglamento de los Servicios de Prevención.*

El Real Decreto 39/1997, de 17 de enero, por el que se aprueba el Reglamento de los Servicios de Prevención, queda modificado como sigue:

Uno. El párrafo b) del artículo 4.1 queda redactado de la siguiente manera:

«b) La posibilidad de que el trabajador que lo ocupe o vaya a ocuparlo sea especialmente sensible, por sus características personales o estado biológico conocido, a alguna de dichas condiciones.

En particular, a efectos de lo dispuesto sobre la evaluación de riesgos en el artículo 26.1 de la Ley 31/1995, de 8 de noviembre, de Prevención de Riesgos Laborales, el anexo VII de este real decreto incluye una lista no exhaustiva de agentes, procedimientos y condiciones de trabajo que pueden influir negativamente en la salud de las trabajadoras embarazadas o en período de lactancia natural, del feto o del niño durante el período de lactancia natural, en cualquier actividad susceptible de presentar un riesgo específico de exposición.

cve: BOE-A-2009-3905

BOLETÍN OFICIAL DEL ESTADO

Núm. 57   Sábado 7 de marzo de 2009   Sec. I. Pág. 23290

En todo caso la trabajadora embarazada no podrá realizar actividades que supongan riesgo de exposición a los agentes o condiciones de trabajo incluidos en la lista no exhaustiva de la parte A del anexo VIII, cuando, de acuerdo con las conclusiones obtenidas de la evaluación de riesgos, ello pueda poner en peligro su seguridad o su salud o la del feto. Igualmente la trabajadora en período de lactancia no podrá realizar actividades que supongan el riesgo de una exposición a los agentes o condiciones de trabajo enumerados en la lista no exhaustiva del anexo VIII, parte B, cuando de la evaluación se desprenda que ello pueda poner en peligro su seguridad o su salud o la del niño durante el período de lactancia natural. En los casos previstos en este párrafo, se adoptarán las medidas previstas en el artículo 26 de la Ley 31/1995, de 8 de noviembre, de Prevención de Riesgos Laborales, con el fin de evitar la exposición a los riesgos indicados.»

Dos.   Se incorpora un nuevo anexo VII con la siguiente redacción:

«ANEXO VII

Lista no exhaustiva de agentes, procedimientos y condiciones de trabajo que pueden influir negativamente en la salud de las trabajadoras embarazadas o en período de lactancia natural, del feto o del niño durante el período de lactancia natural

A. Agentes.

1. Agentes físicos, cuando se considere que puedan implicar lesiones fetales o provocar un desprendimiento de la placenta, en particular:

a) Choques, vibraciones o movimientos.
b) Manipulación manual de cargas pesadas que supongan riesgos, en particular dorsolumbares.
c) Ruido.
d) Radiaciones no ionizantes.
e) Frío y calor extremos.
f) Movimientos y posturas, desplazamientos, tanto en el interior como en el exterior del centro de trabajo, fatiga mental y física y otras cargas físicas vinculadas a la actividad de la trabajadora embarazada, que haya dado a luz o en período de lactancia.

2. Agentes biológicos.–Agentes biológicos de los grupos de riesgo 2, 3 y 4, según la clasificación de los agentes biológicos establecida en el Real Decreto 664/1997, de 12 de mayo, sobre la protección de los trabajadores contra los riesgos relacionados con la exposición a agentes biológicos durante el trabajo, en la medida en que se sepa que dichos agentes o las medidas terapéuticas que necesariamente traen consigo ponen en peligro la salud de las trabajadoras embarazadas o del feto y siempre que no figuren en el anexo VIII.

3. Agentes químicos.–Los siguientes agentes químicos, en la medida en que se sepa que ponen en peligro la salud de las trabajadoras embarazadas o en período de lactancia, del feto o del niño durante el período de lactancia natural y siempre que no figuren en el anexo VIII:

a) Las sustancias etiquetadas R 40, R 45, R 46, R 49, R 68, R 62 y R63 por el Reglamento sobre clasificación, envasado y etiquetado de sustancias peligrosas, aprobado por el Real Decreto 363/1995, de 10 de marzo, o etiquetadas como H351, H350, H340, H350i, H341, H361f, H361d y H361fd por el Reglamento (CE) n.º 1272/2008 del Parlamento Europeo y del Consejo, de 16 de diciembre de 2008, sobre clasificación, etiquetado y envasado de sustancias y mezclas, en la medida en que no figuren todavía en el anexo VIII.

cve: BOE-A-2009-3905

Anexos

 BOLETÍN OFICIAL DEL ESTADO

b) Los agentes químicos que figuran en los anexos I y III del Real Decreto 665/1997, de 12 de mayo, sobre la protección de los trabajadores contra los riesgos relacionados con la exposición a agentes cancerígenos durante el trabajo.

c) Mercurio y derivados.

d) Medicamentos antimitóticos.

e) Monóxido de carbono.

f) Agentes químicos peligrosos de reconocida penetración cutánea.

B. Procedimientos.

Procedimientos industriales que figuran en el anexo I del Real Decreto 665/1997, de 12 de mayo, sobre la protección de los trabajadores contra los riesgos relacionados con la exposición a agentes cancerígenos durante el trabajo.»

Tres. Se incorpora un nuevo anexo VIII, con la siguiente redacción:

«ANEXO VIII

Lista no exhaustiva de agentes y condiciones de trabajo a los cuales no podrá haber riesgo de exposición por parte de trabajadoras embarazadas o en período de lactancia natural

A. Trabajadoras embarazadas.

1. Agentes.

a) Agentes físicos:

Radiaciones ionizantes.

Trabajos en atmósferas de sobrepresión elevada, por ejemplo, en locales a presión, submarinismo.

b) Agentes biológicos:

Toxoplasma.

Virus de la rubeola.

Salvo si existen pruebas de que la trabajadora embarazada está suficientemente protegida contra estos agentes por su estado de inmunización.

c) Agentes químicos:

Las sustancias etiquetadas R60 y R61, por el Reglamento sobre clasificación, envasado y etiquetado de sustancias peligrosas, aprobado por el Real Decreto 363/1995, de 10 de marzo, o etiquetadas como H360F, H360D, H360FD, H360Fd y H360Df por el Reglamento (CE) n.º 1272/2008 del Parlamento Europeo y del Consejo, de 16 de diciembre de 2008, sobre clasificación, etiquetado y envasado de sustancias y mezclas.

Las sustancias cancerígenas y mutágenas incluidas en la tabla 2 relacionadas en el "Documento sobre límites de exposición profesional para agentes químicos en España" publicado por el Instituto Nacional de Seguridad e Higiene en el Trabajo para las que no haya valor límite de exposición asignado, conforme a la tabla III del citado documento.

Plomo y derivados, en la medida en que estos agentes sean susceptibles de ser absorbidos por el organismo humano.

2. Condiciones de trabajo.–Trabajos de minería subterráneos.

B. Trabajadoras en período de lactancia.

1. Agentes químicos:

Las sustancias etiquetadas R 64, por el Reglamento sobre clasificación, envasado y etiquetado de sustancias peligrosas, aprobado por el Real Decreto 363/1995, de 10 de marzo, o H362 por el Reglamento (CE) n.º 1272/2008 del Parlamento Europeo y del Consejo, de 16 de diciembre de 2008, sobre clasificación, etiquetado y envasado de sustancias y mezclas.

cve: BOE-A-2009-3905

BOLETÍN OFICIAL DEL ESTADO

| Núm. 57 | Sábado 7 de marzo de 2009 | Sec. I.   Pág. 23292 |

Las sustancias cancerígenas y mutágenas incluidas en la tabla 2 relacionadas en el "Documento sobre límites de exposición profesional para agentes químicos en España" publicado por el Instituto Nacional de Seguridad e Higiene en el Trabajo para las que no haya valor límite de exposición asignado, conforme a la tabla III del citado documento.

Plomo y derivados, en la medida en que estos agentes sean susceptibles de ser absorbidos por el organismo humano.

2.   Condiciones de trabajo.–Trabajos de minería subterráneos.»

Disposición adicional única.   *Evaluación de las disposiciones contenidas en el artículo único.*

En el plazo de tres años desde la entrada en vigor de este real decreto, el Ministerio de Trabajo e Inmigración evaluará el funcionamiento de las disposiciones contenidas en el artículo único con objeto de valorar la necesidad de actualizar o modificar los agentes, sustancias o procedimientos de trabajo contemplados en los anexos VII y VIII del Real Decreto 39/1997, de 17 de enero, así como de incorporar a los mismos las modificaciones que puedan producirse en la normativa comunitaria sobre la materia.

La evaluación se realizará previo informe de los Ministerios de Trabajo e Inmigración y de Sanidad y Consumo, dándose traslado de dicha información a la Comisión Nacional de Seguridad y Salud en el Trabajo.

Disposición derogatoria única.   *Alcance de la derogación normativa.*

Quedan derogadas cuantas disposiciones de igual o inferior rango se opongan a lo dispuesto en el presente real decreto.

Disposición final primera.   *Habilitación reglamentaria.*

Se autoriza al Ministro de Trabajo e Inmigración, previo informe de la Comisión Nacional de Seguridad y Salud en el Trabajo, para dictar cuantas disposiciones sean necesarias para la aplicación de lo establecido en el presente real decreto.

Disposición final segunda.   *Incorporación de derecho de la Unión Europea.*

Mediante este real decreto se incorporan al derecho español los anexos de la Directiva 92/85/CEE del Consejo, de 19 de octubre de 1992, relativa a la aplicación de medidas para promover la mejora de la seguridad y de la salud en el trabajo de la trabajadora embarazada, que haya dado a luz o en período de lactancia.

Disposición final tercera.   *Entrada en vigor*

El presente real decreto entrará en vigor el día siguiente al de su publicación en el «Boletín Oficial del Estado».

Dado en Madrid, el 6 de marzo de 2009.

JUAN CARLOS R.

La Vicepresidenta Primera del Gobierno
y Ministra de la Presidencia,
MARÍA TERESA FERNÁNDEZ DE LA VEGA SANZ

cve: BOE-A-2009-3905

2
Los derechos del niño

Declaración de los Derechos del Niño, aprobada por la Asamblea General de las Naciones Unidas el 20 de noviembre de 1959.

Artículo 1.°
El niño disfrutará de todos los derechos enunciados en esta declaración. Estos derechos serán reconocidos a todos los niños sin excepción alguna ni distinción o discriminación por motivos de raza, color, sexo, idioma, religión, opiniones políticas o de otra índole, origen nacional o social, posición económica, nacimiento u otra condición, ya sea del propio niño o de su familia.

Artículo 2.°
El niño gozará de una protección especial y dispondrá de oportunidades y servicios, dispensado todo ello por la ley y por otros medios, para que pueda desarrollarse física, mental, moral, es-

piritual y socialmente de forma saludable y normal, así como en condiciones de libertad y dignidad. Al promulgar leyes con este fin, la consideración fundamental a que se atenderá será el interés superior del niño.

Artículo 3.º
El niño tiene derecho desde su nacimiento a un nombre y a una nacionalidad.

Artículo 4.º
El niño debe gozar de los beneficios de la seguridad social. Tendrá derecho a crecer y desarrollarse en buena salud; con este fin deberán proporcionarse, tanto a él como a su madre, cuidados especiales, incluso atención prenatal y posnatal. El niño tendrá derecho a disfrutar de alimentación, vivienda, recreo y servicios médicos adecuados.

Artículo 5.º
El niño física o mentalmente impedido o que sufra algún impedimento social debe recibir el tratamiento, la educación y el cuidado especiales que requiere su caso particular.

Artículo 6.º
El niño, para el pleno desarrollo de su personalidad, necesita amor y comprensión. Siempre que sea posible, deberá crecer al amparo y bajo la responsabilidad de sus padres y, en todo caso, en un ambiente de afecto y de seguridad moral y material; salvo circunstancias excepcionales, no deberá separarse al niño de corta edad de su madre. La sociedad y las autoridades públicas tendrán la obligación de cuidar especialmente a los niños sin familia o que carezcan de medios adecuados de subsistencia.

Para el mantenimiento de los hijos de familias numerosas conviene conceder subsidios estatales o de otra índole.

Artículo 7.º

El niño tiene derecho a recibir educación, que será gratuita y obligatoria por lo menos en las etapas elementales. Se le dará una educación que favorezca su cultura general y le permita, en condiciones de igualdad de oportunidades, desarrollar sus aptitudes y su juicio individual, su sentido de responsabilidad moral y social y llegar a ser un miembro útil de la sociedad. El interés superior del niño debe ser el principio rector de quienes tienen la responsabilidad de su educación y orientación; dicha responsabilidad incumbe, en primer término, a sus padres. El niño debe disfrutar plenamente de juegos y recreaciones, los cuales deben estar orientados hacia los fines perseguidos por la educación; la sociedad y las autoridades públicas se esforzarán por promover el goce de este derecho.

Artículo 8.º

El niño debe, en todas las circunstancias, figurar entre los primeros que reciban protección y socorro.

Artículo 9.º

El niño debe ser protegido contra toda forma de abandono, crueldad y explotación. No será objeto de ningún tipo de trata. No deberá permitirse al niño trabajar antes de una edad mínima adecuada; en ningún caso se le dedicará ni se le permitirá que se dedique a ocupación o empleo alguno que pueda perjudicar su salud o educación o impedir su desarrollo físico, mental o moral.

Artículo 10.º

El niño debe ser protegido contra las prácticas que puedan fomentar la discriminación racial, religiosa o de cualquiera otra índole. Debe ser educado en un espíritu de comprensión, tolerancia, amistad entre los pueblos, paz y fraternidad universal, y con plena conciencia de que debe consagrar sus energías y aptitudes al servicio de sus semejantes.

Fuentes

AA.VV., *Manual de Puericultura de la Asociación Española de Pediatría,* Grupo Editorial ICM, 2008.

Behrman, R. y Robert Kliegman, *Nelson. Tratado de Pediatría,* 18.ª edición en español.

Carrasco Azcona, M. A., *Agenda del Bebé,* Enfoque Editorial SC, 2008.

Conde Fernández, F., «La cesárea. Una perspectiva bioética». Discurso en la Academia de Lanzarote. Diciembre de 2009, http://www.academiadelanzarote.es/Discursos/Discurso%2036.pdf.

Fontoira Surís, M., *Pediatría social y puericultura en atención primaria,* Universidad de Santiago, 2006.

González, C., *Un regalo para toda la vida. Guía de la lactancia materna,* 9.ª edición, Temas de Hoy. Vivir mejor, 2010.

Mazana Casanova, J. S., «Virginia Apgar y su test posnatal medio siglo después», *Anales Españoles de Pediatría,* 2000; 53: 469-469.

Pereira Pombo, *Pediatría para padres.* http://jpereira.eresmas. net/mastopatiarn.html.

Vitoria Miñana, I., *Cuidados del bebé. Mitos y errores,* 4.ª edición. Exlibris. 2008.

Pruebas de paternidad: Mi Pediatra, año 3, n.º 26. Marzo de 2008.

La Voz de Galicia, «Quinientas farmacias de Granada facilitarán pruebas de paternidad.» http://www.lavozdegalicia.es/ sociedad/2007/10/28/0003_626 6276.htm.

Lorgen, laboratorio de análisis genéticos, «Paternidad. Cuando la duda llega.» http://lorgen.com/esp/index.asp?secc=/aparta dos/paternidad.

Página del Comité de Lactancia Materna de la AEP: http:// www.aeped.es/lactanciamaterna/index.htm.

Página Web de Urgencias de Pediatría del Hospital de Cruces, Baracaldo, Bilbao: www.urgenciaspediatriacruces.org/html/ padres/ped_padres.htm.

Contactos de interés

Asociación Española de Pediatría (AEP): www.aeped.es.

Sociedad Española de Neonatología (SEN): http://www.se-neonatal.es.

Portal de vacunas de la AEP: http://www.vacunasaep.org/.

Fármacos y lactancia materna: www.e-lactancia.org.

InfoFAMILIA. El Portal Médico para Padres de la Asociación Española de Pediatría: http://www.aeped.es/infofamilia/index.htm.

Crecer sano AEP: www.crecersano.com.

Centro nacional de toxicología. Teléfono: 91 411 26 76.